# SERVICE VOLÉ

ISABELLE DEMONGEOT

# SERVICE VOLÉ

*Avec la collaboration de*
*Laurence Decréau*

PRÉFACE DE YANNICK NOAH

Michel LAFON

AFIN DE PRÉSERVER L'ANONYMAT DE CERTAINES PERSONNES ET PAR RESPECT POUR LA VIE PRIVÉE D'AUTRUI, CERTAINS NOMS – Y COMPRIS CEUX DES TÉMOINS ET VICTIMES QUI S'APPRÊTENT À TÉMOIGNER DEVANT LA JUSTICE – ONT ÉTÉ CHANGÉS.


7-13, boulevard Paul-Émile-Victor - Île de la Jatte
92521 Neuilly-sur-Seine Cedex

www.michel-lafon.com

*« Je dédie ce livre à toutes les victimes des voleurs de rêves, d'innocence et de vie. Que celles qui, par honte ou par peur, se terrent encore dans la souffrance du silence y puisent espoir et force, et que toutes soient assurées de mon amical soutien. »*

## – Préface –

# COURAGE, ISA...

Comme tout le monde, j'avais entendu des bruits. C'était il y a des années, je connais Isabelle depuis si longtemps ! J'étais embarrassé, je ne savais quel parti prendre. En tant qu'aîné, devais-je faire le premier pas, solliciter d'éventuelles confidences ? Valait-il mieux attendre et voir venir ? Je pouvais me tromper : les bruits, après tout, ne sont jamais que des bruits. Bien sûr, il y avait aussi cette secrète fêlure que je devinais en elle, cette tristesse sourde qui lui voilait le regard. Mais certains jeunes sont épanouis et d'autres renfermés : quelle conclusion en tirer ? Puis le temps a passé. Je n'ai rien fait. Et, comme tout le monde, j'ai fini par oublier.

Aujourd'hui, près de vingt ans plus tard, Isa rompt le silence. Avec d'autres victimes, elle a pris son destin en main.

Moi qui la connais bien et qui sais qu'elle dit vrai, je veux lui faire savoir que je suis fier de son courage, et que mon soutien lui est acquis. Car il en faut, du courage, pour raconter ces choses-là à ceux qui ne désirent ni les voir ni les entendre. Il en faut, pour braver l'incrédulité, les regards soupçonneux, les insinuations voilées. Tel est le lot de ceux qui osent parler : dire la vérité sur l'injustice dont ils ont été victimes leur vaut parfois d'en subir une seconde, encore plus injuste sinon plus odieuse. Si je soutiens Isa et les autres victimes qui l'entourent, c'est aussi pour empêcher cela.

J'en entends qui ricanent : parler vingt ans après les faits ! Pourquoi avoir attendu si longtemps ? Qu'ils lisent donc les livres, les journaux, qu'ils demandent l'avis de psychothérapeutes. Ils découvriront tant d'enfants maltraités, abusés par un oncle, un beau-père, un moniteur, parfois pendant des années, et qui se taisent. Certains ne disent jamais rien, ils vivent avec ça toute leur vie. Certains se suicident. Et d'autres finissent par soulever ce poids de honte, de souffrance, de culpabilité. Mais il en faut du temps, pour trouver la force de le faire. Un an, dix ans, trente ans ou quarante... qu'importe ? Ils sont si rares, ceux qui osent, qu'on se doit de les aider jusqu'au bout.

Car c'est seulement grâce à leur courage, grâce à celui d'Isabelle et des autres, que nous pourrons tous ensemble protéger nos enfants contre ceux qui, abusant de leur ascendant, brisent impunément tant de vies.

Yannick NOAH

## – 1 –

## PRESCRIPTION

Le 3 février 2005, un mot m'est rentré dans le ventre. D'abord, je ne l'ai pas senti : je ne savais pas vraiment ce qu'il signifiait. J'ai fait distraitement répéter l'avocate, au bout du fil. « Prescription ? » À peine si j'écoutai la réponse, ce genre de jargon ne me concernait pas. Mes mots à moi, dont j'avais hâte de lui parler, je les avais encore au bout des doigts, après une nuit d'insomnie à noircir feuillet sur feuillet dans la chambre vide à côté de la nôtre. Une nuit à ne pas sentir le froid, moi qui suis plus frileuse qu'un chat. Jusqu'à ce que le réveil sonne j'avais écrit, les scènes giclaient de ma tête sur le papier, il en sortait, il en sortait, il en sortait toujours. Tout dire, ne rien oublier, c'était vital, pas question d'attendre une minute de plus. Ma compagne Michèle m'avait suppliée de venir me coucher, viens, tu vas prendre froid, tu as tout le temps, depuis toutes ces années, tu n'en es pas à un jour près, viens, tu vas être crevée demain sur les courts... Mais non, personne n'aurait pu m'arracher le stylo des mains. Il écrivait tout seul.

– Prescription, oui. Votre affaire est prescrite. Le temps écoulé depuis les faits dépasse le délai légal.

L'avocate s'obstinait avec ses mots idiots.

– Et alors ?

Silence gêné.

– Alors, il est trop tard pour agir. Vous ne pouvez plus engager de poursuites. Il s'en est fallu de peu... Trois mois.

J'ai coupé mon portable et je me suis laissée choir comme un sac sur le banc de la petite salle réservée aux membres du club. Le mot, cette fois, m'avait percutée en plein estomac. *Prescription.* J'ai repensé à ma pile de feuillets. Ces scènes rédigées pour eux, le tribunal, le procureur, l'avocate, pour bien leur expliquer tout ce qui s'était passé, pour qu'ils comprennent que ça avait existé, même si je n'avais rien dit pendant si longtemps. Évidemment je n'avais pas eu le temps de tout écrire, tant d'années, ça ne se raconte pas en une nuit, mais depuis hier matin, depuis ma visite chez le médecin, les images n'avaient pas cessé de remonter, toutes accrochées à la queue leu leu comme un fil de pelote, il n'y avait plus qu'à tirer. Je me demandais d'ailleurs d'où elles venaient, toutes ces images enroulées dans ma tête qui n'en finissaient pas de se dévider. Dans quel coin de mon cerveau étaient-elles restées rangées pour que je n'en aie pas vu le bout d'une pendant près de vingt ans ? J'ai regardé les coupes du club disposées bien en ordre devant moi sur l'étagère et je me suis mise à pleurer. Je ne comprenais rien du tout. Donc, la justice, c'était comme ça. Pendant dix-neuf ans et trois cent soixante-quatre jours, *il* avait été coupable : si j'avais porté plainte, on l'aurait jugé et puis mis en prison. Il y serait encore, peut-être. Mais je n'avais rien dit du tout, je ne sais pas pourquoi. Et il avait suffi de dépasser minuit du trois cent soixante-quatrième jour de la vingtième année pour qu'il lui pousse comme une espèce d'armure magique. Je me suis concentrée pour retrouver ce que je pouvais bien faire trois mois plus tôt, quand il était encore « coupable » pour de bon, passible de prison, et que je ne m'en doutais pas. Rien, le blanc. Juste ce mot, *prescription.* J'ai balancé un coup de poing dans le mur, à me faire péter les phalanges. Quel était encore ce sale tour que me jouait l'existence ? Depuis douze ans, j'étais enfin tranquille, à l'abri d'un cocon que je m'étais tissé de mes mains : la double direction du club de Villiers et du centre d'entraînement pour sportives de haut niveau que j'y avais créé, le *Team Demongeot* ; une vraie famille, avec la femme de ma vie et ses trois enfants ; une grande maison de village à nous, avec ses flambées dans la cheminée, son chien et sa tribu de chats, ses odeurs de lapin à la moutarde et de tarte aux pommes tiède. Je ne demandais rien à personne. Et il avait fallu qu'hier, mon passé tropézien resurgisse du tiroir inconnu où je l'avais « oublié » pour me sauter à la figure et venir se répandre partout...

*
* *

Ce ne devait être qu'une banale visite chez un gastro-entérologue, pour régler un petit problème de santé. Problème assez désagréable hérité de ma famille maternelle, et qui tendait à s'aggraver depuis quelque temps. Et lorsqu'on passe, comme moi, toutes ses journées sur un court de tennis à sauter et courir, ce genre de bobo finit par être usant. Je soupçonnais mon gastro habituel d'assouvir à mes dépens des instincts refoulés de boucher-charcutier, aussi ai-je demandé à mon médecin traitant, un ex-sportif en qui j'ai toute confiance, de me conseiller quelqu'un d'autre. Il me chanta les louanges d'un spécialiste exerçant à la polyclinique d'Arnouville-lès-Gonesse, tout en douceur et doigté, et je téléphonai aussitôt pour prendre rendez-vous avec cette merveille d'homme.

Il y a plus agréable que d'aller montrer ses fesses à un inconnu dans un dispensaire de banlieue un jour pourri de février, sous un ciel grisâtre suintant la neige fondue. Pour corser le tout, ma voiture était en panne, ce matin-là. Michèle donnant ses cours au collège de Goussainville comme tous les mercredis matin, c'est à son second fils, J.-B., qu'échut la corvée de m'accompagner dans la petite Polo avant de rejoindre le club. Il me déposa un peu en retard, nous revenions de la Ligue du Val-d'Oise où j'avais commandé des places pour Roland-Garros. Nous convînmes que je l'appellerais en sortant de consultation pour qu'il vienne me chercher. C'était l'affaire d'une heure, à peine. Tout en poussant la porte du petit bâtiment neuf et sans grâce qui abrite les locaux de la polyclinique, je récapitulai mon emploi du temps de la journée. Ordre et méthode ! Pour le déjeuner, pas de problème, j'avais fait le plein la veille au supermarché de Villiers ; seul hic, comment J.-B. pourrait-il venir me chercher ici, trouver le temps de manger un morceau et être à l'heure pour ses cours de 13 heures au club ? Ça risquait d'être acrobatique, mais on avait connu pire : avec une famille de cinq personnes plus les joueuses en formation et l'équipe d'entraîneurs, tout ce petit monde nourri au club, parfois à domicile et pour certains d'entre eux logés, mieux valait être virtuose de l'emploi du temps...

Le Dr K. consultait au premier étage. Je gravis l'escalier recouvert de linoléum et allai m'asseoir au bout du couloir, dans ce qui ressemblait à une salle d'attente. Pas franchement affriolant, le centre médical d'Arnouville-lès-Gonesse, mais tout ce que je lui demandais, c'était de me remettre en état de marche, pas de rivaliser avec *Elle Déco*. Je feuilletai distraitement le premier magazine qui me tomba sous la main, puis le reposai. J'avais beau ne pas m'écouter et être plutôt rude à la douleur, mes histoires de santé commençaient à me miner. Depuis des années, mon corps m'échappait ; j'avais la nette sensation qu'il se rebellait contre moi – délibérément. Comme pour protester contre je ne sais quoi. Le surmenage ? D'accord, je me levais tous les matins à 6 h 30 pour ne rentrer du club que vers 22 h 30. Je cumulais les fonctions de manager d'un centre d'entraînement de haut niveau, prof de tennis, mère de famille nombreuse et intendante... Mais d'autres que moi étaient bien plus à plaindre. Au moins vivais-je dans une grande et belle maison à moi, à deux pas de mon travail. Et, chance inouïe, ce travail n'en était pas un pour moi : c'était ma colonne vertébrale. Je ne travaillais pas pour vivre, le tennis *était* ma vie. Qui peut se vanter de ça ? J'étais une sacrée privilégiée. D'accord, je m'étais un peu laissée aller, j'avais pris une quinzaine de kilos depuis l'arrêt de la compétition. La brindille blonde Demongeot s'était métamorphosée en mamie gâteau. Mais qui cela dérangeait-il ? Michèle m'aimait ainsi – je la soupçonnais même de me préférer enveloppée. Et ma « retraite » de championne m'ayant libérée du culte de la performance, qu'importait que je coure un peu moins vite ? Reste que mon corps commençait à me jouer de vilains tours. J'avais cru le faire taire en suivant depuis près d'un an des séances de fasciathérapie, une médecine de bien-être. Mais au lieu de l'endormir, la fascia l'avait réveillé. J'étais un puzzle disloqué dont les morceaux n'aspiraient qu'à se rassembler.

La jeune femme assise près de moi, se levant à l'appel de son nom, m'arracha à mes pensées dans un sursaut. J'avais dû m'assoupir. Il ne restait plus que moi dans la salle d'attente. Je consultai machinalement ma montre. Midi moins le quart ! Je me levai, affolée. Et mes cours qui commençaient à 13 h 30 ! Happant une secrétaire qui passait, je lui expliquai que j'attendais le Dr K. J'aurais aussi bien pu attendre jusqu'à la fin de l'hiver : je m'étais trompée d'endroit. Je me précipitai à l'autre bout du grand couloir, où l'on m'indiqua enfin la bonne porte, qui s'ouvrit presque aussitôt.

D'emblée, le Dr K. m'inspira confiance. La bonne soixantaine, un peu chauve, portant lunettes, il avait un côté instituteur gentiment désuet qui me rasséréna. Je lui exposai la situation le plus précisément possible : mes hémorroïdes, la gêne qu'elles m'occasionnaient dans mon métier de professeur de tennis. Mon espoir de trouver un traitement moins brutal que celui infligé par son confrère, qui me brûlait avec une régularité de métronome sans l'ombre d'un résultat.

– Ce devrait être possible, dit-il en hochant la tête avec un léger sourire.

Il me demanda si je ne présentais pas d'autres symptômes. Je lui parlai de cette constipation qui est mon cauchemar, me rendant incapable d'évacuer normalement. Et puis, bien sûr, de ces maux de tête qui me terrassaient de temps à autre, d'une violence telle que je restais comme paralysée pendant environ trois heures, avant de me mettre à vomir.

Sans plus de commentaire, il m'invita à me déshabiller et à m'allonger sur la table d'examen.

– Rassurez-vous, rien de très grave ! me dit-il lorsque nous en eûmes terminé.

Il m'affirma qu'il n'y aurait plus besoin de recourir à la chirurgie, il existait d'autres médications beaucoup plus douces qui m'éviteraient ces souffrances inutiles. Tandis qu'il rédigeait son ordonnance, je me rassis à son bureau, soulagée, et extirpai mon chéquier de mon sac. Sans cesser d'écrire, il me demanda si je prenais la pilule. Non, bien sûr : j'évoquai en quelques mots ma vie sexuelle – avec une femme.

– Toujours des femmes ?

– Oui, répondis-je en tripotant, je ne sais pourquoi, la petite chaîne en or que j'ai toujours autour du cou.

Il posa son stylo et se mit à me parler de sa spécialité. Depuis un bon bout de temps, me dit-il, il s'intéressait aux pathologies liées aux abus sexuels. Une réalité bien plus banale qu'on ne l'imaginait, ajouta-t-il. Il s'en était aperçu non sans surprise au fil de ses recherches.

– Le corps a ses souvenirs, lui aussi... dit-il en me regardant avec bonté.

Je hochai la tête, la bouche sèche, tandis que mon cœur se mettait à jouer du tambour dans ma poitrine. Il me parla de certaines postures du bassin, révélatrices d'un corps qui s'est trop longtemps mis en position de se protéger. Un corps d'enfant face à un corps d'adulte. Je devinais ce qui allait suivre. Évidemment. Enfin, pas tout à fait.

– Vous... Quand vous étiez petite... Est-ce que... votre père ?

J'eus un haut-le-corps. Papa ?

– Non ! Pas lui, non...

Et le visage de l'Autre m'a sauté à la figure, sa sclérotique rougie, son haleine aigre, ma main sur ce visage, le sol de ciment sale parsemé de vieux chiffons... Je fermai les yeux. Les verrouiller pour ne plus voir, hermétiquement, serrer les paupières, de toutes mes forces. L'odeur des balles de tennis, mon nez dans les balles de tennis, m'y engloutir, y disparaître, et la douleur, la douleur...

J'ai rouvert les yeux. Le Dr K. me fixait gravement. Je tremblais comme un junkie en manque.

Tout ça n'avait donc jamais cessé d'exister. J'avais pourtant cru m'en être débarrassée, mais non. C'était là, imprimé dans ma chair de femme de trente-huit ans, dans mon ventre, dans les os de mon bassin. Gravé, tatoué, indélébile. Naïve ! Je croyais m'être libérée. *Il* ne m'avait jamais lâchée. Une bouffée de haine me monta à la gorge.

J'ai tout dit au médecin. De temps en temps, la haine me traversait, comme une décharge.

Il m'a laissée parler sans m'interrompre, sans que rien ne transparaisse de ses sentiments, comme s'il s'attendait à tout cela. Enfin, je me suis tue. Il y eut un long silence, puis :

– Vous n'avez jamais porté plainte, donc ?

– Non.

– Cet homme ne peut pourtant pas rester impuni. Il doit payer un jour. Il faut réagir, mademoiselle. Entamer une démarche.

Une démarche ? Je ne m'en étais déjà pas sentie capable quinze ans plus tôt, quand ma psychothérapeute me répétait que c'était nécessaire à ma reconstruction. À présent que j'étais tirée d'affaire, ou à peu près, je ne me voyais pas aller gratter les vieilles plaies. J'avais tout de même droit à un peu de tranquillité, non ? Je secouai la tête sans rien dire. Une boule m'obstruait la gorge.

– Vous êtes pourtant consciente que cet homme est dangereux ? insista-t-il.

Je le fixai, interloquée. Dangereux ?

– Vous n'êtes sûrement pas la seule à avoir subi cela. Imaginez, comme c'est probable, qu'il n'ait jamais cessé ?

Je me mordis les lèvres avec violence. Une image absurde venait de me traverser la tête, une petite fille à plat ventre sur un chariot rempli jusqu'à la gueule de balles de tennis jaunes.

– Vous ne pouvez pas le laisser continuer à agir.

J'essayai de protester.

– C'est... énorme, ce que vous me demandez !

Mais je savais déjà qu'il avait gagné.

Il était 13 h 30 lorsque je sortis, en charpie, de la polyclinique d'Arnouville-lès-Gonesse. Mes mains tremblaient si fort que je dus m'y reprendre à plusieurs fois avant de parvenir à composer le numéro de portable de J.-B. Je me fis proprement incendier : j'avais perdu la tête ou quoi ? Il m'attendait depuis des plombes, il devrait déjà être sur les courts, qu'est-ce que j'avais foutu ? etc.

Quinze secondes plus tard, la Polo pilait net devant moi. C'était William, le fils aîné de Michèle, qui conduisait, J.-B. était à l'arrière. Leurs engueulades firent long feu : à peine étais-je assise sur le siège passager que j'éclatai en sanglots convulsifs, libérant d'un coup les larmes que j'avais contenues devant le médecin. Soudain inquiets, ils me demandèrent de quoi il retournait. Je les rassurai : non, rien de grave, aucun problème de santé. Mais il fallait que je parle à Michèle d'urgence. Je l'appelai, hoquetant, impossible évidemment de tout lui raconter devant les garçons, il fallait rester sibylline. Je la suppliai simplement de me rejoindre tout de suite au club.

Je ne sais comment, ce mercredi après-midi, je suis venue à bout de presque tous mes cours, mais j'y suis arrivée. Michèle fut admirable, comme toujours, évacuant avec autorité la salle de télé envahie de gamins pour nous ménager une plage de tranquillité. Elle m'écouta, me serra dans ses bras, m'assura de son soutien. Je téléphonai à mon ami Fabien, un avocat d'affaires, auquel je déballai tout en vrac, lui demandant de m'indiquer un confrère ou une consœur susceptible de m'aider dans ma démarche de plainte. Après vingt ans de silence presque absolu, soudain, je ne pouvais plus m'arrêter de parler : j'aurais volontiers arrêté les gens dans la rue pour leur raconter mon histoire, elle jaillissait littéralement de moi. Le président du club et une de mes enseignantes et amies, Alicia, en firent les frais sans tarder : je parlais, je parlais et pleurais. Je n'en tapai pas moins la balle sur les courts couverts jusqu'à 22 heures, heure de la fin du dernier collectif « loisir ». Je fonctionnais sur je ne sais quelle batterie de secours : « Oriente tes épaules... Ton plan de frappe, plus devant ! Utilise tes appuis ouverts... Transfère le poids de ton corps dans la balle... » De cette après-midi glaciale et gorgée de crachin, je ne garde presque aucun souvenir, sinon celui de ces flashes qui régulièrement m'éclaboussaient le crâne, une petite fille blonde à plat ventre sur un chariot et qui a mal, mal, mal, tellement mal qu'elle voudrait mourir et se dissoudre dans la pyramide jaune de balles de tennis.

De retour à notre maison de Marly, j'écrivis toute la nuit.

*

* *

Des feuillets que j'ai noircis cette nuit-là, rien ne reste. Le lendemain soir, en rentrant de mes cours, malgré les supplications de Michèle, je brûlai tout dans la grande cheminée du salon. Puisqu'il y avait *prescription*, mon passé retournait au néant dont l'avaient momentanément extrait les mots du Dr K. Quelle importance, après tout ? Cette séance ne m'avait rien dévoilé que je ne sache déjà. Je n'avais évidemment jamais « oublié » : comment gommer de sa mémoire ce qui s'est répété des semaines, des mois, des années ? J'avais juste appris à vivre avec « ça », juste réussi à trouver un recoin poussiéreux de mon cerveau où ranger toutes ces images sans qu'elles risquent de s'envoler à la moindre quinte de souvenir. Michèle savait depuis toujours, je ne lui avais rien caché. D'autres savaient, aussi : ce qu'il y a à savoir, les faits, qui tiennent en quelques mots, *viol et violences sexuelles aggravées et agression sexuelle sur mineure par personne ayant autorité*. Rien de neuf, donc, rien du tout, cet entretien à la polyclinique d'Arnouville aurait aussi bien pu ne pas avoir lieu. D'ailleurs, le feu avait mangé tous mes feuillets, plus de trace, place nette. Retour à la case départ.

Mais le repas du feu n'avait été que de papier. Je m'en rendis compte dès ce soir-là, couchée près de Michèle. Les kyrielles d'images en avaient réchappé. Et elles n'avaient pas l'intention, cette fois, de se laisser boucler. J'avais beau me débattre, me tourner et me retourner, elles étaient là, flash, le chariot, flash, un camion tous feux éteints, flash, le papier peint défraîchi d'une chambre d'hôtel, et les sons, crissement de pas sur le gravier, grondement d'un moteur, chut, *tais-toi*, et la brûlure, cette brûlure tout au creux de moi... Michèle dormait, je me levai, ça ne pouvait pas continuer comme ça, que faire, pourtant, puisque *prescription* ?

Je descendis l'escalier suivie de Wilson, mon petit chien aveugle. Un reste de braises rougeoyait dans la pénombre du salon. Je m'approchai du feu mourant pour contempler, assise sur mes talons, mes feuillets calcinés. Et l'évidence m'apparut soudain : cette prescription-là n'était pas le fait de la justice des hommes. J'en étais le seul artisan. Ces faits, je n'avais jamais cessé de les prescrire. Du temps même où ils avaient lieu, je les avais enfermés dans un bocal de silence, croyant me protéger ainsi de leur venin. Mais le bocal était dans mon corps, et avec lui le venin qui me grignotait les entrailles. Dès lors que je l'avais compris, je ne pouvais plus faire mine de l'ignorer.

Ma prescription était levée.

## – 2 –

## COÏNCIDENCES

J'ai toujours eu un faible pour l'Open Gaz de France. Je n'y ai pourtant pas vraiment brillé : mon temps était déjà passé quand son histoire débutait à peine. Trois tournois sans honte ni gloire, en 1993, 1994 puis 1996, et je raccrochais les raquettes. Je n'avais pas encore trente ans, et je me sentais déjà vieille, usée. Contrairement à la grande Navratilova qui, pour son dernier show au stade de Coubertin, s'était payé le luxe d'une victoire insolente sur Julie Halard... à l'âge semi-canonique de trente-huit ans ! N'importe. J'admire Navratilova, et j'aime ce tournoi tout d'élégance feutrée, le court central posé comme un joyau pur et géométrique sur son large écrin bleu, les gradins si proches du court qu'on croirait jouer entouré d'amis. Et depuis qu'un partenariat m'unit à Gaz de France pour des journées d'initiation pédagogique et sociale en banlieue, l'Open est devenu pour moi une fête de famille.

Mais en ce mois de février 2005, mon cœur n'était vraiment pas à la fête.

Depuis ma visite chez le médecin, mes flashes et moi coexistions comme la vache avec les mouches qui lui mangent les yeux. Ils étaient là, à me harceler sans répit, et mes séances de fasciathérapie, en rendant à mon corps une parole trop longtemps confisquée, ne faisaient que décupler leur effet. J'avais vite renoncé à les chasser, résignée à subir leurs piqûres sournoises au quotidien. Affaiblie par l'angoisse et le manque de sommeil, j'appréhendais pour la première fois mes retrouvailles rituelles avec tout le milieu. Quand bien même je l'aurais voulu, il n'était pas question de boycotter ne fût-ce qu'une journée : mon agenda était booké comme celui d'un ministre. De la première heure du tournoi jusqu'à la balle de match de la finale, les deux loges de six personnes dont je disposais au premier rang du court central affichaient complet. S'y succéderaient mes partenaires, sponsors, clients et relations, tous ceux et celles qui touchaient à ma vie professionnelle et que je souhaitais honorer. La prestation comprenait une demi-journée de match, suivie ou précédée – quelle veine ! – d'un repas en ma compagnie, avec mes commentaires en direct sur le jeu, s'il vous plaît... Cette semaine de RP était pour moi d'une importance extrême. C'était l'occasion unique de consolider des liens, et souvent des contrats, qui me faisaient tout simplement vivre. Tant pis pour la timidité maladive qui m'assèche la langue comme un vieux buvard dès qu'il s'agit de prononcer en public ne fût-ce que « bonjour » ou « merci », quand elle ne me fait pas bégayer comme un disque rayé. Quelques jours par an, je respirais un bon coup, j'y allais, et finalement je n'en mourais pas.

Comme Michèle ne se privait pas de me le rappeler à tout bout de champ, cette année, pas question de se rater : le partenariat qui m'unissait à Gaz de France expirait fin 2005. Il ne nous restait plus que quinze journées d'initiation à assurer en Île-de-France. Mieux valait ne pas penser au pétrin qui nous attendait, si le contrat n'était pas reconduit. Cette semaine de tournoi devait être mise à profit pour faire les bonnes rencontres – et convaincre. Or, d'après Michèle, c'était loin d'être gagné.

– Tu dois changer de concept, Isa ! Ou ils ne resigneront pas...

Changer de concept, changer de concept... Il m'allait très bien, à moi, ce concept. À Gaz de France aussi, lorsque nous leur avions présenté l'idée trois ans plus tôt. Nous l'avions baptisé « Tennis en liberté ». J'avais toujours été exaspérée par l'image de « sport pour les riches » qui colle au tennis comme une vilaine étiquette, et qui surtout rend très injustement ce sport inaccessible à toute une portion de la population. Cela devait, cela pouvait changer, j'en avais l'intime conviction. D'où cette idée de circuler dans les banlieues défavorisées pour offrir aux jeunes, l'espace d'une journée, leur premier contact avec une raquette et une balle. Gaz de France avait été conquis, et ses agents profitaient de ces journées d'amitié pour faire mieux comprendre aux gamins ce qui les amenait chez eux au volant de leur voiture bleue. Les moments où je voyais scintiller ces regards d'enfants étaient devenus pour moi les meilleurs de l'année. Changer de concept ! Changer quoi ? Je voyais bien à quoi pensait Michèle. Faire en sorte que ces journées ne restent pas sans suite. Repérer les plus doués. Leur donner la chance de continuer, de devenir peut-être un jour des champions... Et transformer dans la foulée « Tennis en liberté » en « Tennis-sélection » et « Tennis-exclusion ». Car qui choisir ? Et qui éliminer ? Les gros, les pataudes, les malhabiles ? Sans moi, merci. J'y tenais, moi, à mon « Tennis en liberté ». Même si, à en croire Michèle, il était condamné.

Au moins, la semaine une fois commencée, plus question de l'appréhender : j'y étais. Les matchs succédaient aux matchs, et les dîners aux déjeuners. Les « réjouissances » se déroulaient le plus souvent sur place, aux bons soins du traiteur officiel du tournoi. Il y eut les soupers avec les maires des villes qui avaient accueilli l'équipe de « Tennis en liberté ». Poignées de main, discours. Il y eut le mercredi rituel où l'Association des anciennes joueuses de Fed Cup, dont je fais partie, accueille les juniors les plus prometteuses des ligues d'Île-de-France. Embrassades, rires. Il y eut les insinuations, les petits mots qui tuent, consécutifs aux prises de position politiquement peu correctes de Michèle, la va-t-en-guerre, dans le milieu tennistique. Regards en tapinois, sourires jaune citron. Je ne chômais pas. Mais curieusement, je n'y étais pas. Il me semblait qu'une autre parlait, souriait, commentait à ma place. Tout sonnait faux, comme un bijou en toc ou un décor en carton-pâte. J'étais ailleurs. Michèle, à mes côtés lors des rendez-vous les plus stratégiques, fit preuve de son aisance coutumière : j'eus encore le loisir d'envier la fluidité de ses discours, soutenus par un bel aplomb. Mais à la complicité admirative de naguère avait succédé un sentiment vaguement agacé. Guerres de pouvoir, tractations politiques, salamalecs et chausse-trappes : j'étais lasse de tout ça, je n'avais plus la force de m'y intéresser, encore moins de prendre parti. L'énergie de Michèle m'épuisait. Je me sentais au bout du rouleau.

*
* *

Enfin, le dimanche de la finale est arrivé, et avec lui, le bout du tunnel. Après un déjeuner assez vite expédié – le coup d'envoi était prévu pour 13 h 30 – je venais d'installer dans leurs loges mes invités du jour avec l'aide de Michèle. D'ici une vingtaine de minutes, Amélie Mauresmo et Dinara Safina s'affronteraient sur le court. Je repensais à cette finale de 1999 où Amélie, ici même, s'était battue comme une diablesse sous les acclamations de milliers de fans en délire massés dans les tribunes. Le fameux coming out qui avait suivi son exploit de Melbourne avait fait d'elle l'égérie des homosexuelles de France. Galvanisée par sa passion pour Sylvie Bourdon, elle avait été prodigieuse. Que nous réservait-elle pour aujourd'hui ? Six ans avaient passé. La jeune révélation était devenue une star – n° 1 française, n° 4 mondiale. Ma « petite » protégée d'autrefois était passée, depuis, entre bien d'autres mains, et dans sa hâte d'aller de l'avant, elle avait tourné la page sur ces années-là. Depuis ce mois d'octobre 2000 où nous nous étions dit au revoir sur un parking de Saint-Tropez, nous ne nous étions plus jamais parlé. J'en souffrais un peu, oui, car la similitude de nos choix de vie et nos deux années de chemin ensemble dans le *Team Demongeot* avaient développé entre nous de vrais liens d'affection – en tout cas, de ma part. Et je m'étais toujours senti une connivence intime avec elle. Rien ne révèle plus le cœur secret d'un être que son jeu : pour l'avoir suivie pendant deux années, je connaissais très bien Amélie et ses failles. J'attendais donc cette finale avec presque autant d'impatience que si j'avais été son entraîneur. Elle avait beau partir largement favorite face à une Safina classée quarante-huitième qu'elle venait de battre en Australie, rien n'était fait. Un joueur n'est pas un robot, encore moins une joueuse. J'étais particulièrement bien placée pour le savoir. Il restait un bon quart d'heure avant le début du match. Je laissai mon regard errer sur le public.

C'est alors qu'un profil étrangement familier a attiré mon attention. Une jeune femme, brune et vive, riait dans une tribune située à ma droite, en fond de court. Je l'ai fixée, attendant qu'elle tourne la tête vers moi. Je la connaissais, bien sûr. Mon cœur s'est mis à battre à toute force, je ne pouvais pas y croire. J'ai fermé les yeux, je les ai rouverts. Eh non, je ne me trompais pas : surgie de notre enfance, après une éclipse de vingt-cinq ans, Véronique était là. La Véronique de Brignoles, la « grande » Véronique de treize ans, quand je n'étais qu'une crevette qui savait à peine tenir sa raquette. Véronique mon modèle vite égalé, devenue ma rivale avant de quitter le tennis et ma vie quand je n'avais pas encore quatorze ans. Elles n'étaient pas si nombreuses, les contemporaines et témoins du passé exhumé par le bon Dr K. dix jours plus tôt. Et le hasard, ou le destin, ou je ne sais quel dieu m'en offrait une aujourd'hui... Incroyable.

Nos regards se sont croisés, une stupeur incrédule, puis joyeuse s'est peinte sur son visage. De la main, je lui ai fait signe que je la rejoignais. J'ai glissé à Michèle que je m'absentais quelques minutes pour saluer une vieille connaissance tropézienne et j'ai quitté ma loge en courant. Quelques secondes plus tard, Véro et moi tombions dans les bras l'une de l'autre. Mais les effusions des retrouvailles ont vite tourné court : elle m'avait à peine demandé comment j'allais que ma réponse est venue s'écraser sur ses pieds comme un gros boulet.

– Pas bien du tout.

Et là, sur le stade Pierre-de-Coubertin, à un quart d'heure de la finale de l'Open Gaz de France, debout au milieu de la foule, je lui ai tout déballé. La visite au médecin. Les faits. La prescription.

En y repensant aujourd'hui, j'ai du mal à reconnaître Isabelle la mutique, Isabelle la discrète, dans cette fille logorrhéique piétinant sans vergogne les règles élémentaires de la politesse pour exhiber son histoire sous le nez d'autrui. Qui plus est, dans un moment et un lieu aussi déplacés. Dans ces cas-là, l'usage veut qu'on échange deux-trois banalités, qu'on fasse un résumé succinct de son état civil – marié(e)/célibataire, nombre d'enfants, adresse – et qu'on extirpe de sa boîte à souvenirs une ou deux anecdotes qui ne mangent pas de pain. Puis on s'en retourne à sa vie, nanti(e) d'un numéro de téléphone gribouillé sur un ticket de métro qu'on perdra le jour même. Et moi, en cinq minutes, je levais le voile sur un secret d'une lourdeur à briser plusieurs vies. Difficile de faire plus indélicat.

Si concentrée sur mon nombril que j'aie pu être ce jour-là, je me souviendrai toujours de l'expression du visage de Véro pendant que je parlais. Tout de suite après la stupeur est venue la consternation ; et puis, curieusement, la douleur. J'ai cru, un moment, qu'elle allait pleurer. J'étais un peu interloquée. Bizarre d'être bouleversée à ce point par l'histoire d'une camarade d'enfance perdue de vue depuis vingt-cinq ans. Elle m'a entraînée un peu à l'écart, dans une allée, afin d'éviter les oreilles indiscrètes – elle était avec ses enfants. Elle a baissé la tête un moment, comme pour se donner le temps de réfléchir. Puis elle m'a regardée d'un air décidé :

– Tu n'es pas la seule, Isa.

Jc suis rcstéc clouéc sur placc. Ellc a aussitôt ajouté, anticipant ma question :

– Non, non, pas moi ! Il a essayé aussi, mais... non, pas moi.

Devant mes yeux, soudain, une sarabande de visages d'adolescentes : Rachel, Florence, les autres, toutes ces « grandes » qui étaient avec Véronique... J'ai réussi à articuler :

– Qui ?

– Ma cousine.

J'ai cherché dans ma tête. Sa cousine. Quelle cousine ? Je ne connaissais que Clotilde et Vanessa, deux bouts de chou. J'ai fait signe que je ne voyais pas.

– Clotilde.

Clotilde ? C'était un gag, ou quoi ? Un type qui descendait l'allée pour rejoindre sa place m'a un peu bousculée, je me suis tournée vers lui pour l'insulter, puis j'ai laissé tomber.

– Comment ça, Clotilde ? Mais quand ?

– Dès le début. Quand ça a commencé, elle avait dix ans. Ça a continué jusqu'à quinze.

C'était tellement énorme, tout ce que j'ai été capable de faire a été de secouer la tête en répétant :

– Putain de putain de putain...

Enfin j'ai demandé :

– Ça fait longtemps que tu sais ?

Elle m'a fait signe que non.

– Trois ans. Elle n'avait jamais rien dit à personne. Et puis à la naissance de ses enfants, elle s'est mise à avoir des troubles physiques bizarres, enfin, spectaculaires...

Véro m'a dit de quels troubles il s'agissait, c'était lié aux faits, bien sûr, comme moi. Mais pire que moi, bien pire. Et en plus sa cousine avait un mari, des enfants...

Véro se mordit les lèvres.

– Quand je pense que j'ai jamais rien vu ! Et maintenant, toi aussi... J'y crois pas.

Dans ma tête, ça carburait à toute vitesse. Clotilde. Elle était plus jeune que moi... Donc, pour elle, il n'y avait pas prescription. J'ai agrippé le bras de Véro.

– Elle n'a jamais pensé à porter plainte ?

Le haut-parleur s'est mis à grésiller, tous les membres du public étaient invités à rejoindre leur place, le match de finale allait commencer.

– Et merde !

La bousculade commençait à devenir intense.

– Si. Il y a trois ans, elle a envoyé au procureur une lettre où elle racontait tout.

– Alors ?

– Alors rien. Pas de réaction.

Presque tout le monde était assis à sa place, à présent. J'ai jeté un coup d'œil à ma loge. Impossible de m'éterniser. Une voix a crié :

– Véronique ! Grouille-toi !

Elle a haussé les épaules d'un air navré. Puis elle a fouillé dans son sac et sorti une carte de son portefeuille.

– Tiens. Voilà mon numéro de portable. Rappelle-moi. Je te donnerai celui de Clotilde, je ne l'ai pas sur moi.

Elle m'a serré le bras très fort, puis elle est partie rejoindre sa place.

– Ça va, ça va, j'arrive...

J'ai regagné ma loge au pas de course. Je n'avais qu'un mot dans la tête : « Putain de putain de putain... »

*
* *

Amélie perdait. Amélie avait perdu. Bien sûr, rien n'est jamais joué tant que tout n'est pas fini, le cours du match peut toujours s'inverser. 6/4, 2/6 : après ce premier set où elle s'était montrée d'une passivité ahurissante, laissant toute l'initiative à Dinara, une gamine de dix-huit ans, Amé était sortie de son apathie pour attaquer comme un char d'assaut. La petite Russe avait été déstabilisée, et le set bouclé en trente-sept minutes. Mais là... 4/1 ! Le public de Coubertin était muet, assommé.

Et moi je me revoyais là, sur le court, la raquette à la main, à me battre contre mes démons.

Ce coup droit, nom de Dieu, ce coup droit ! Le bras comme entravé, la panique devant la balle, que faire mon Dieu que faire, monter au filet et smasher ? Rester au fond du court à attendre la faute ? La balle qui approche, la balle qui est là, qui profite de ton indécision pour te couper le geste et partir où elle veut, et bien sûr la faute directe, qui vient te gangrener le jeu, la confiance rongée, le doute qui s'insinue partout, jusque dans le maillage de ta raquette, le doute qui vient te sucer les jambes et t'amollir les muscles, qui te fait bégayer le bras – et double faute, bien sûr... J'en aurais pleuré, mais sur qui pleurais-je donc ? Sur Amélie, bien sûr, oui, mais surtout sur moi, sur mon public si souvent déçu, qui avait pourtant, si longtemps, continué à y croire : « Vas-y, Isa ! *Come on* ! Tu peux la remonter, vas-y ! » Sur l'incompréhension, sur le désappointement de tous, mon père, ma mère, mes frères et ma sœur, mes entraîneurs, mon public, les commentateurs, face à tant de matchs quasi gagnés s'achevant dans une déroute absurde, face à tant de maîtrise technique réduite à une piteuse salve de fautes directes... Sur cette Isabelle liquéfiée au coup droit soudain rabougri, aux jambes tétanisées, les chaussures collées au court comme si une glu en sortait, vaincue, le regard affolé, aspirée et repoussée par ce coin, là-bas, où se devine une grosse moustache, et une main qui fait des ronds, des ronds, des ronds pour dire n'attaque pas petite idiote attends, rame et renvoie, c'est tout ce que tu as à faire, c'est tout ce que tu es bonne à faire, regarde-moi petite nulle obéis-moi bon sang ou tu peux aussi bien te coucher par terre...

Une grande clameur du public m'a tirée de mon rêve éveillé. Amélie était remontée à 5/3... Michèle, assise près de moi, tripotait nerveusement l'ourlet de sa jupe. Elle s'est tournée vers moi en haussant les épaules, la mine incertaine. Tout était encore possible. Dans les tribunes, les spectateurs jusqu'alors muets et effondrés commençaient à reprendre espoir. « C'est reparti ! » m'a glissé un ami à l'oreille. J'ai levé le pouce avec un clin d'œil de connivence : « Évidemment, c'est reparti ! » Je ne sais pas ce que j'aurais donné pour que ce soit vrai. C'était comme si ma vie dépendait de l'issue de ce match. Si Amélie gagnait, j'étais sauvée – de quoi, je ne sais pas. Si elle perdait, c'était à moi de jouer et de prendre les choses en main. Soudain, je me suis souvenue d'une conversation que nous avions eue à Marly, un soir après dîner, avec Sylvie – *sa* Sylvie – et Michèle – *ma* Michèle. Il était question de l'attitude à adopter quand on avait été la victime d'un homme : vite tourner la page et oublier, pour mieux se reconstruire ? Ou au contraire vider l'abcès et châtier le coupable, en attaquant ? Comme je défendais la première option, Amélie s'était mise en colère en me traitant de lâche. Les coupables devaient payer, disait-elle, c'était la règle n° 1, ou alors on restait victime à vie. Je n'avais rien répondu.

Elle avait raison, bien sûr. C'était évident.

Je me concentrai sur le court, le ventre noué. Une grossière faute en coup droit... 15-0. Je courbai la tête. La deuxième faute, identique, n'a pas tardé : 30-0. Service de Dinara Safina, gagnant... Michèle m'a pris la main, j'aurais voulu plonger ma tête entre mes genoux et me perdre dans la contemplation du plancher, mais je n'ai pas cillé, les yeux braqués sur le court. L'échange durait, durait... et puis il y a eu cette balle trop courte d'Amélie, avant même qu'elle ait franchi le filet je pouvais décrire la suite en détail. Accélération de Dinara, montée au filet, smash... C'était fini.

Le public a exhalé un « Oooooh » effondré. J'ai soigneusement évité le regard de Michèle.

C'est à partir de ce soir-là que j'ai cessé de manger.

# – 3 –

# RETOUR AU PAYS

Cinq mois plus tard, j'avais perdu quinze kilos, ma compagne, mes trois « beaux-enfants », ma maison de Marly, mon chien aveugle, mes deux chats, mon *Team* et mon club de Villiers. De ma vie d'avant le 2 février, de ces douze années construites avec Michèle dans mon Île-de-France d'adoption, il ne restait plus rien. Sans l'avoir décidé, mue par une force intérieure contre laquelle je ne pouvais rien, je m'étais méthodiquement amputée de tout ce qui s'était agrégé à moi depuis ma fuite de Saint-Tropez en septembre 1993.

Assise sur un bloc de pierre au bout de la jetée qui protège le port de la houle venue de l'est, je contemplais mon village rose et pimpant acagnardé au pied de la Citadelle. Début juillet, déjà. À demi allongée sur un bloc de pierre tiède, j'offrais à la caresse du soleil chaque millimètre carré de ma peau. Avais-je trente-huit ans, dix-huit, ou sept ? À ne me fier qu'à mes sens, je n'aurais su le dire : grain du rocher, claquement des drisses contre les mâts sous la brise de mistral, vrombissement des « fers à repasser », miroitement de la mer, vert sombre des pinèdes, rien n'avait d'âge. Moi non plus. Du moins, le temps de ce petit quart d'heure de repos que j'avais décidé de m'octroyer, après mon jogging et mes étirements. Un banc de poissons minces comme des traits d'argent dansait à la surface de l'eau, non loin d'un goéland. Je les enviais tous, poissons, goéland. Tant de paix ! Comme moi, ils étaient nés ici. Mais eux ne pensaient pas. Ils n'avaient ni projets ni souvenirs. Rien d'eux n'échappait à l'extase du lieu et de l'heure. J'avais été comme eux un temps, petite fille – voletant d'une glace chez Popoff à une partie de cache-cache autour de la Citadelle, d'une partie de boules avec Mammy sur le chemin de terre bordé d'eucalyptus à une orgie de chichis sur la place des Lices. Comme eux, dans un présent aux couleurs de soleil qui n'en finissait pas. Ça n'avait pas duré.

Comment ai-je pu vivre sans ça pendant douze ans ? me demandai-je en m'allongeant sur le rocher pour mieux sentir sa dureté rassurante. Mon pays que j'avais fui pour échapper à la souillure imprimée en tout lieu par la grosse main de l'Autre, mon pays l'avait emporté. Sur mon désir d'oubli et sur les salissures de celui qui, par son statut même, avait prise sur moi. J'étais revenue à ce pays, et il étincelait. Pour la première fois depuis des mois, que dis-je des années, j'étais habitée par la certitude d'avoir fait ce qu'il fallait, et d'être exactement là où je devais être.

Dieu sait pourtant que cette certitude était peu partagée. Jusqu'au dernier moment, Michèle avait voulu croire à une volte-face, à ce qu'elle appelait un « retour à la raison ». Tu dois te ressaisir me disait-elle, tu es en dépression, regarde-toi, tu n'es plus que l'ombre de toi-même, « cette histoire » t'a fait perdre la tête, je ne t'en veux pas, je comprends, mais tu as besoin de moi, je t'aiderai ! Sans moi, tu n'y arriveras pas... Que d'heures nous avions passées à parler, parler, parler sans cesse au cours de nuits sans fin qui nous laissaient exténuées au petit matin. Nous pleurions beaucoup, je maigrissais. Mais chaque nuit d'insomnie ne faisait que me conforter dans cette certitude intime : c'est fini, tu n'as plus rien à faire ici, va-t'en et va-t'en vite. Ma maison elle-même semblait vouloir m'aider, elle me repoussait de toutes ses forces : à peine franchi le seuil, une oppression décuplait mon rythme cardiaque et me broyait les tripes. Une gigantesque allergie me rendait désormais incompatible avec le monde que je m'étais construit. J'étais devenue un corps étranger dans ma propre demeure.

*
* *

J'avais appelé Clotilde dès le lendemain de l'Open Gaz de France. Sa cousine, heureusement, l'avait tenue au courant de notre rencontre, ce qui me dispensa de tourner autour du pot. D'emblée, nous avions attaqué dans le vif du sujet. Quand, pour la première fois ? Jusqu'à quand ? Où ? Souvent ? À quelles occasions ? Qui était au courant ? Depuis quand ? Quelles séquelles ? Faits précis, dates, symptômes cliniques : notre échange tenait bien davantage de l'interrogatoire médical ou policier que de la conversation. Pour elle comme pour moi, le corps avait parlé avant la bouche. En ce qui la concernait, de nombreuses allergies d'une violence extrême s'étaient soudain développées qui lui rendaient intolérables diverses saveurs et odeurs, certains contacts aussi. Entre l'urticaire géante et les chocs anaphylactiques consécutifs aux piqûres d'insectes, sa vie était devenue impossible. Mariée, mère de famille, elle s'était pourtant longtemps crue tirée d'affaire, comme moi. Mais le sale passé l'avait rattrapée par où elle s'y attendait le moins, par sa plus sûre réussite : sa fille, qu'elle n'avait plus pu regarder en face du jour où elle avait soufflé ses dix bougies. L'âge, bien sûr, auquel « ça » avait commencé pour elle.

Pour s'en sortir, elle avait tâté de toutes les thérapies, de la psychothérapie jungienne à l'ostéopathie en passant par l'hypnose. Je l'interrogeai sur sa démarche auprès du procureur. Il n'y avait pas grand-chose à en dire : en 2002, elle avait écrit une lettre détaillant les faits. Ça n'avait rien donné. Voilà tout.

– On ne peut pas en rester là, Clotilde. C'est impossible. Il y a sûrement un moyen de le coincer.

La question qui s'imposait nous est venue aux lèvres en même temps. « Est-ce qu'il y en a d'autres ? » Nous n'en avions aucune idée, bien sûr. Du temps des « faits », le bloc de silence dans lequel nous nous étions l'une et l'autre coulées ne nous avait pas seulement rendues muettes. Il nous avait aussi rendues sourdes et aveugles, figées que nous étions dans un tête-à-tête solitaire avec nos images de honte. J'aurais donné n'importe quoi pour être projetée en arrière dans ce temps-là, quand nous étions la bande des filles de Saint-Tropez, et leur demander à chacune : « Et toi ? Et toi ? Est-ce qu'il t'a... ? » Mais à présent que nos bouches voulaient parler, les filles de Saint-Tropez s'étaient dispersées et évaporées.

*

* *

Nous en sommes restées là, Clotilde et moi. Dans ma tête dansaient des noms de filles, et elle et elle et elle, est-ce que ? Des bribes d'autrefois

– regard qui fuit, crise de larmes, geste rageur, joues empourprées – s'entrecroisaient dans ma mémoire, que pouvaient-elles signifier ? Que signifient un chagrin de petite fille, une humiliation d'adolescente ? Mon lot d'indices ne pesait pas bien lourd. Hormis le visage de l'Autre, sa sclérotique rougie, son haleine aigre, ma main sur ce visage, le sol de ciment sale parsemé de vieux chiffons et le chariot rempli de balles de tennis jaunes, que trouvait-on dans ma boîte à souvenirs ? Des services, des revers à une main, des volées, des coups droits et des smashs... Des bilans de match. Et des couloirs d'aéroport, et des chambres d'hôtel. J'enrageais. Il devait bien y avoir des signes auxquels je n'avais pas pris garde, et qui s'étaient alors gravés dans mon cerveau à mon insu. Je cherchais, je fouillais, quel chantier sous mon crâne, tout sens dessus dessous, c'étaient les grands travaux ! Évidemment, mille images sortaient que je n'attendais pas, des images idiotes qui ne servaient à rien mais si vraies, si réelles que j'en chancelais. Les rideaux de Maïté avec leurs Titi et leurs Gros Minet, ma chienne Tchikita sautant à un mètre du sol avec sa balle de tennis dans la gueule face à une Nath hilare, les crêpes-parties au premier étage du Refuge, la grande bâtisse un peu crade de notre entraîneur où tant de filles avaient logé... Cet afflux de passé m'enflait la cervelle, me gonflait la gorge, j'étouffais, impossible d'avaler quoi que ce soit, et tout aussi impossible de parler. Michèle, aux petits soins, ne savait qu'inventer pour tenter d'alléger cette chape de plomb qu'elle sentait m'asphyxier. Peine perdue : tout ce qui n'était pas mon passé me pesait, jusqu'à ses attentions.

Or justement, par un curieux caprice du destin, il se trouve que j'avais un rendez-vous, prévu de longue date, sur les lieux de mon passé, pas plus tard qu'en ce mois de février. Il ne s'agissait pas d'un grand « retour de l'enfant prodigue » après douze ans d'absence : durant toutes ces années, il m'était arrivé de rendre visite à ma famille, qui n'a jamais quitté Saint-Tropez. Et surtout, la venue d'Amélie Mauresmo dans mon centre d'entraînement de Villiers, puis son coup de foudre pour ma camarade d'enfance Sylvie, m'avaient obligée en 1999 et 2000 à d'incessants allers-retours entre Saint-Tropez, où s'était installée Amé, et Villiers. Je tenais à suivre les entraînements d'Amélie...

C'est ainsi que j'avais renoué avec le monde du tennis tropézien et que depuis trois ans je revenais « au pays » chaque été, toujours avec Michèle et ses enfants, donner des cours pour mettre un peu de beurre dans nos épinards, qui en avaient bien besoin. Et bientôt, l'idée germa dans mon esprit : plutôt que de louer mes services ici ou là, au gré des besoins des uns et des autres, pourquoi ne pas monter mon propre club ? Un club de loisirs à

Saint-Tropez, un autre à Villiers, plus mon centre d'entraînement, ça faisait beaucoup, d'accord, mais bien épaulée comme je l'étais par mon jeune adjoint Ben, c'était jouable. Le gérant de la Toison d'Or, sur la plage de Pampelonne, m'avait proposé de reprendre ses cinq courts à l'abandon... J'avais dit oui, encouragée par Michèle qui se serait bien vue devenir tropézienne à temps plein une fois la retraite venue. Toujours fidèle au poste, mon ami avocat Fabien m'avait donné un coup de main pour boucler l'affaire. L'ouverture du « Tennis d'Isa » était prévue pour le 1er avril. Nous avions donc loué une maison à l'entrée de Saint-Tropez, près de la Bouillabaisse, où nous devions demeurer une quinzaine de jours pour donner l'ultime coup de collier.

Cette maison... Avant même d'y poser un bagage, dans la grosse Audi de William qui nous menait vers le Sud, je l'ai haïe. Nous étions censés y loger d'abord à trois, Michèle, son fils aîné et moi, puis à cinq, J.-B. et la petite dernière Béa ayant prévu de nous y rejoindre très vite. Cinq dans deux pièces ! Une chambre en haut pour Michèle et moi, une salle commune, en bas, où l'on pouvait dormir à trois en se tassant sur les banquettes. Et zéro centimètre carré pour s'isoler un peu, pour penser. Une promiscuité de sardines, ou de prisonniers. Cinq dans une cellule. Sans compter le chien Wilson. Sans oublier surtout, mais j'étais seule à le savoir, mes petites squatteuses, les « filles de Saint-Tropez » qui n'en finissaient pas de jouer à la balle au mur sur les parois de mon crâne – et bien sûr l'Autre, énorme. Ça en faisait du monde à loger dans une si petite maison ! Beaucoup beaucoup trop de monde. Nous ne tiendrions jamais, c'était mathématique. Plus nous nous rapprochions, plus j'étouffais. Je le savais au fond de mes tripes, ce n'était pas possible, pas cette promiscuité, non, il fallait faire quelque chose d'urgence pour éviter ça, mais quoi ? Mon club ouvrait le 1er avril, dans cinq semaines, donc. Il faudrait mettre les bouchées quintuples pour que mon frère Hervé ait le temps de tout préparer, l'Algeco à barder de bois et à aménager, le mobilier à choisir et acheter. Bon, 1er avril, incontournable. La maison, incontournable. Michèle et les enfants, incontournables. Restaient mes fantômes, mais comment m'en débarrasser, ils étaient tellement plus vrais que Michèle, tellement plus vrais que William, J.-B. ou Béa, et les crêpes du Refuge, dans mon souvenir, sentaient bien plus fort le beurre et le Nutella que celles de Michèle !

En milieu de parcours, une évidence : pas possible de continuer comme ça. Et soudain, l'idée de génie ! Profitant d'un arrêt à une station d'essence, j'ai filé à l'écart et j'ai tapé comme une malade sur mon téléphone, allô les renseignements,

Mme A. à Antibes, s'il vous plaît... Ma psy de 1989, celle qui m'avait tenu la tête hors de l'eau lorsque j'avais enfin trouvé la force de me libérer de l'Autre, elle savait sûrement, elle, parler aux fantômes ! Elle me dirait que faire, comment on peut vivre à cinq dans une maison de poupée, plus un chien, plus des petites filles, un salopard et un chariot, sans foutre en l'air toute sa vie et celle des autres...

Elle était là, comme autrefois. La même voix, claire et posée. Elle m'a juste demandé quel âge j'avais maintenant, et elle m'a dit :

– Je vous attends dans mon cabinet. 1er mars à 15 heures.

Entre notre arrivée dans la maison de poupée et ma visite à Antibes, il s'est écoulé une semaine. Mon besoin de fuir avait tourné à l'obsession : où que j'aille, quoi que je fasse, je me heurtais à quelque chose, quelqu'un, une urgence, une corvée, un matelas pas rangé, un lavabo pas nettoyé, une paire de pompes, un portable qui stridulait. J'en étais physiquement malade, chaque contact non désiré avec ce réel intrusif m'envoyait une décharge dans le système nerveux. Pourtant, Michèle ne savait qu'inventer pour me rendre la vie plus facile. Elle s'était même empressée de clôturer le périmètre du jardinet pour que Wilson, mon petit chien aveugle, ne risque pas de s'échapper. Peine perdue : avec l'ingratitude de ceux qui vont trop mal, je ne lui en savais aucun gré. Toutes ces prévenances m'énervaient, je ne demandais qu'une chose : qu'on me laisse enfin disséquer en paix mon passé.

Le seul lieu où je me sentais bien, et chez moi, c'était « Le Tennis d'Isa ». Je ne me lassais pas d'admirer ces cinq courts de résine flambant neufs si verts et nets sous le soleil, de circuler à mon gré sur l'espace qu'ils formaient, ouvert et libre grâce à l'absence de tout grillage de séparation. Je les avais voulus ainsi en souvenir de Wimbledon, mon tournoi préféré. Les gens seraient heureux de venir jouer chez moi... Ici, on était à l'abri, au pied de la colline, dans ce nid de bambous chuchotant sous la brise tiède. Derrière, invisible mais si proche, se devinait la mer.

Tout au long de la journée, ma famille défilait. J'avais confié la responsabilité du chantier à Hervé, mon frère aîné, décorateur inventif et plein de goût. Mon père, ma mère, ma sœur Françoise et sa fille, les copains d'Hervé, il se trouvait toujours quelqu'un pour nous donner un coup de main, aider à soulever des planches, rapporter un outil. À midi, la petite troupe allait souvent pique-niquer sur la plage, face à la baie de Pampelonne. Sur les kilomètres de sable blanc qui séparent les Salins du cap Camarat, pas une âme. La surface de la mer, lorsque le vent est calme, prend ici une teinte unique, bleu très clair et opaque, comme du curaçao mélangé à du lait... Je buvais à longs traits toute cette beauté. Si galvaudé qu'il soit, je n'ai jamais pu trouver d'autre mot que « magique » pour qualifier la couleur de ces moments-là.

Dans le paysage de mon enfance, entourée par mon clan, là seulement, enfin, j'arrivais à respirer librement. Peu à peu, une intuition se frayait un chemin en moi : ma place était là. Aussi est-ce tout naturellement, comme on prépare les fondations pour que la nouvelle maison soit bien solide, que je leur ai tout dit, à ma famille, aux miens. En tête à tête, l'un après l'autre. Père et mère, sœur, grands frères. Méthodiquement, sans rien cacher, avec la même précision dans les faits, la même rigueur que dans mon entretien téléphonique avec Clotilde. Les faits tout bruts. Que j'avais été violée par l'Autre à l'âge de treize ans et demi, en 1980, pendant les grandes vacances entre ma quatrième et ma troisième. Qu'ensuite, ça n'avait plus cessé. Une fois, deux fois par semaine. Qu'en 1989 seulement, j'avais trouvé la force de m'en aller. Que ça se passait au club, à deux kilomètres de la maison. Souvent avant que je rentre dîner. Pendant que maman préparait la soupe en m'attendant, pendant qu'elle mettait le couvert, pendant que papa éteignait la lumière de l'atelier, moi, à deux kilomètres de là, je me faisais faire ça. Puis j'arrivais et je m'asseyais à ma place, dans la salle à manger de l'Amourié... Qu'il faisait ça aussi sur des aires d'autoroute. Aussi dans des hôtels. Que j'avais tellement honte que je n'avais rien dit. Que j'avais tellement peur que je n'avais rien fait. Que mon homosexualité, bien sûr, c'était pour ça. Qu'un sexe d'homme, plutôt mourir. Que j'avais cru que c'était fini, que je m'en étais sortie et puis qu'en fait non. Je leur ai dit la visite à la polyclinique d'Arnouville, et puis Véro à l'Open Gaz de France, et sa cousine Clotilde. J'ai parlé à mon père et ma mère, à ma sœur, à mes frères, et dans leurs yeux j'ai tout vu, honte, culpabilité, incrédulité, peur, gêne, pitié, envie de se carapater, en tout cas ils étaient groggy, assommés pour le coup. Et moi, à chaque nouveau tour, ça repartait, treize ans et demi, autoroutes, Arnouville, Clotilde. Et puis je leur disais : maintenant j'ai besoin de votre aide. À chaque fois, ils répondaient : dis-nous ce qu'on peut faire...

La vraie réponse, je l'ai donnée à Catherine, lorsque à elle aussi, j'ai tout raconté. Catherine, c'était ma clé la plus précieuse pour ouvrir le passé. Pendant six ans, Catherine avait été la gardienne tutélaire des « filles de Saint-Tropez ». Prof de tennis, bien sûr – notre entraîneur Régis l'avait embauchée pour le seconder au club. Mais maman d'adoption, aussi. On a beau rêver de devenir championne, et trimer dur pour y arriver, ça n'empêche pas les états d'âme, les crises de chagrin. Qu'on ait neuf, onze, treize, quinze ou même dix-sept ans, ce n'est pas facile tous les jours de vivre loin de ses parents. Alors Catherine y allait de ses petits cadeaux, de ses surprises, de ses attentions permanentes, bichonnant les filles comme si c'étaient les siennes, elle qui n'avait pas d'enfant.

C'est peu de dire qu'elle est tombée des nues quand je lui ai tout déballé. Elle dont tout le monde connaît la langue bien pendue, elle la tonitruante à qui rien ni personne n'a jamais pu couper la chique, pas même Régis qui ne manquait pas d'à-propos, elle s'est tassée sur elle-même comme une petite vieille. Le bec cloué.

– Qu'est-ce que tu vas faire ? a-t-elle juste fini par demander. Qu'est-ce que je peux faire ?

C'est sorti tout seul, je savais maintenant.

– Je vais me battre. Moi, je suis prescrite, mais je vais partir à la recherche des autres. Toutes les autres. Ça prendra du temps, mais tant pis. On va se rassembler. Et puis on va l'attaquer.

C'était si simple. Évident. Elle m'a regardée en hochant la tête.

– Tu peux compter sur moi. On va faire la liste de toutes les filles. Je vais t'aider à les retrouver. Tu n'auras plus qu'à les appeler.

L'enquête commençait.

Lorsque, ce 1er mars, je me suis assise en face de Mme A., l'essentiel du travail était déjà fait. Michèle, qui avait absolument tenu à m'accompagner, m'attendait à la terrasse d'un café, non loin du cabinet.

Devant mes proches et mes amis, j'avais été capable de garder une distance en racontant mon histoire. Devant ma psy, j'eus vite fait de m'effondrer. Pas seulement parce que je me retrouvais seize ans en arrière, tremblante de terreur à l'idée de dénoncer mon violeur. Parce qu'une autre vérité, celle que je n'avais pas osé me formuler, me sortait de la bouche : ma vie avec Michèle et ses enfants était finie. Mme A. me tendit un Kleenex dans lequel je me mouchai lamentablement. Je hoquetais : alors ça aussi, « il » me l'avait bousillé ? Une histoire de douze ans construite avec amour, et hop, tout s'effondrait ? Ce foutu passé ne se contentait pas de me remonter à la face, il fallait encore qu'il vienne saborder mon présent !

– C'est que jusqu'à maintenant, vous ne l'aviez jamais évacué, ce *foutu passé*, me glissa Mme A. Comment vivre au présent quand le passé prend toute la place ?

– Mais je n'y pensais jamais !

– C'est bien là le problème...

*

* *

Je me levai de mon rocher et m'étirai, les paumes vers le ciel. Il commençait à faire très chaud. La navette du port venait d'entrer dans le golfe de Saint-Tropez. Je suivis des yeux la longue vague de son sillage, guettant le « floc floc » familier qu'elle ferait en arrivant sur la jetée. Le dernier lien qui me rattachait à mon passé parisien avait été coupé solennellement à peine quelques jours plus tôt, lorsque j'avais fait mes adieux officiels aux membres du club de Villiers. Ce jour-là seulement, Michèle avait compris que tout était terminé sans recours. Et moi, j'avais compris qu'il était vain d'espérer conserver son amitié : pour elle comme pour ses enfants, je n'étais plus désormais qu'un mauvais souvenir à effacer au plus vite. Après douze ans d'exil, je redevenais tropézienne.

Le temps était venu de reprendre l'histoire depuis le début.

# – 4 –

# PEUR

Certains champions de tennis naissent avec une raquette à la main. Je suis née sur une paire de skis.

J'ai quatre ans, un casque gros comme trois fois ma tête sur un corps de brindille ou de pomme allumette. Pour la photo, j'ai ôté mes lunettes – on distingue deux ou trois épis blonds, une paire d'yeux bleu très clair qui regardent ailleurs. Je ne souris pas, je n'ai pas de temps à perdre en risettes. Le corps légèrement ployé, les bâtons serrés dans les mains, j'anticipe la piste. Clic clac... je file, je suis déjà partie.

Le ski et moi, ce fut tout de suite l'accord parfait. Une connivence immédiate. Un de mes tout premiers souvenirs : on me pose sur la neige. J'en prends une poignée, je ris et je la mange. C'est délicieux ! Pourtant, je hais déjà le froid. Mais avant d'être froide, la neige, elle est toute blanche.

Pas de gris ni de jaune, pas une impureté, un blanc bleuté qui étincelle – surtout à Pra-Loup, petite station des Alpes du Sud où mes parents ont leur appartement. Blanche la piste, bleu le ciel. Comme le sable de la plage à Pampelonne et la mer posée à côté. Sauf qu'ici, à Pra-Loup, tout est vertical et je peux glisser...

J'ai cinq ans et je n'ai pas peur. De quoi aurais-je peur ? La neige est propre et lisse, et mon corps fait exactement ce que je veux. Je pourrais dévaler tout schuss, pour le plaisir de mordre dans le vent et de dire « zut » aux bosses de la piste. Mais ça ne m'intéresse pas. Ce que j'aime, moi, c'est danser sur la neige : un beau slalom maîtrisé au quart de millimètre, qui frôle chaque porte sans jamais la toucher, fléchi-extension et le corps qui se penche comme pour caresser la piste... C'est grisant, c'est exquis, je suis née pour faire du ski.

La chose semble si claire à toute la famille que mes parents n'hésitent pas à m'emmener skier hors saison. Je manque l'école, et alors ? Ce n'est encore que la maternelle, tant pis pour la pâte à modeler ! Et puis figurez-vous que je travaille, ici. Même si j'ai vite obtenu d'échapper aux cours collectifs, les moniteurs ont eu tôt fait de me repérer. Ils m'ont embauchée comme cobaye pour leurs nouvelles recrues : je glisse sur la piste, ils observent mes moindres mouvements et s'entraînent à noter. Je m'amuse comme une folle – mais surtout, quelle fierté !

J'ai dix ans. Le grand entraîneur Honoré Bonnet, qui flaire en moi de la graine de championne, propose à mes parents de m'inscrire en sport-études à Barcelonnette. Tout de suite, je dis non. Quitter Saint-Tropez, mes parents, mes frères et sœur, ma grand-mère ? Jamais de la vie ! Même pour passer mes journées à faire du ski. Derrière mes airs de « petite dure » et de garçon manqué, je ne peux pas imaginer de me coucher toute seule, le soir, sans le rituel bisou au lit de papa. Et puis, pas question de troquer le cri de moustique des hors-bords contre le grondement des chasse-neige, ni les soubresauts de l'eucalyptus sous les gifles venues de l'est contre le brouillard givrant... Skier pour le plaisir me va très bien, à moi !

Je suis très loin d'imaginer que d'ici trois petites années, le plaisir, dans ma vie, sera devenu hors la loi, et avec lui le ski.

*
* *

Je suis née en 1966. Mon frère Hervé allait sur ses treize ans, son cadet Olivier en avait dix, et Françoise, la benjamine, en comptait deux de moins : autant dire que personne n'attendait la petite braillarde qui s'est invitée sur Terre un 18 septembre, très décidée à exister. J'entrais sans frapper dans une fratrie bien constituée, qui vit sans enthousiasme le baby-sitting s'ajouter à la liste de pensums divers réservés aux enfants bien élevés. Tous étaient sportifs : je le fus encore plus qu'eux trois réunis – déjà, sans doute, pour me faire aimer. Équitation, motocross, tennis, planche à voile, ski, les Demongeot juniors faisaient feu de tout bois, pourvu que ça bouge... J'entrai vite dans la danse, parfois avec fracas. Mon frère Olivier se souvient encore de notre première virée commune à moto. J'ai à peine quatre ans. Lassé de m'entendre beugler que je veux monter derrière lui, il vient enfin de dire « oui » ; je me précipite vers l'engin, voilà que mon pied nu passe sous la roue avant. Torsion, hurlements et sanglots, l'aventure commence en fanfare, mais j'ai tellement peur qu'il ne veuille plus m'emmener que je me calme vite, pas question de louper la suite. Il m'empoigne et me juche en croupe, je le serre de toutes mes forces comme il me l'a recommandé. Lune de miel avec mon grand frère, j'exulte ! Je ne sais plus, évidemment, où nous mena cette balade – peut-être jusqu'au cap Camarat, dans les vignobles de terre rouge que bordent les pins parasols... Peut-être sur la route en tortillon qui mène au village de Ramatuelle pavoisé de bougainvillées... Je sais qu'elle fut longue, forcément délectable, et que ma jambe, tout du long, me fit un mal de chien. Elle pouvait me faire mal : le tibia était cassé. La nuance de respect que je perçois aujourd'hui encore dans la voix de mon frère lorsqu'il raconte cette anecdote me fait dire que mon courage, ce jour-là, n'a pas été vain.

Sportive, risque-tout, plus collante qu'un papier tue-mouches, je n'étais pourtant pas prête à tout pour me faire aimer. La planche à voile qu'Olivier pratiquait en virtuose m'inspirait aussi peu que les cours d'Optimist obligatoires à la plage des Canoubiers. Hormis les « cigarettes » qui vont si vite sur l'eau qu'on se croirait à ski ou à moto, je n'aime pas naviguer, je n'ai jamais apprécié le voilier, hormis vu de la plage ou de la jetée. Passe encore qu'on s'y traîne comme des escargots. Le pire est de ne pas savoir ce qu'il y a dessous. Chavirer quand l'eau est turquoise, aussi claire que dans un lagon, ça oui. Qu'il soit deux, dix ou quinze mètres plus bas, on sait que sous son ventre, on n'a que du beau sable blanc pur comme de la neige. Le moindre sar, le plus petit mulet s'y découpe comme sur un écran. Mais tomber dans cette eau sombre comme une bouteille d'encre ! Deviner sous mon corps les ondulations des posidonies, ces longues herbes brunes et vertes où grouille une faune non identifiée qui n'attend que de m'attraper par le pied pour se jeter sur moi et pour me dévorer... Non, merci. Je laissais sans regret ces drôles de plaisirs à mon frère Olivier.

Les deux courts de tennis situés à cent mètres de notre ferme ne m'inspiraient pas davantage. Leur construction avait suivi celle de plusieurs maisons neuves dans notre quartier dit de « Tahiti », petit coin de campagne au nord-est de la baie de Pampelonne, où l'on croisait alors plus de chèvres et de poules que de jet-setters en goguette. Mes frères et ma sœur venaient parfois y taper la balle avec leurs copains, et je regardais d'un œil ennuyé toutes ces gesticulations terriblement inesthétiques, mais surtout dépourvues de la moindre efficacité. La balle rendue folle fusait, valsait, n'en faisait qu'à sa guise. Bien malin qui aurait identifié la moindre règle dans cette anarchie. Le tennis ? Aucun intérêt.

Mon truc à moi, c'était aller vite et tout maîtriser. Le vent qui te siffle au visage, le paysage qui file comme un film en accéléré, et le corps à l'affût, chaque muscle à son poste, chaque nerf en alerte, le cerveau aux commandes, anticipation, réaction, la vitesse qui se fait douceur, et l'effort harmonie... Casquée, gantée, mon skate sous mes pieds, je regardais en contrebas près du Club 55 la mer qui m'attendait, et le ruban de route qui y filait tout droit comme un tremplin de saut. Et puis je m'élançais, confiante dans mes yeux auxquels rien n'échappait, ni gravier ni ornière, sûre de mes jambes minces, dures et souples à la fois, si parfaitement « moi » dans ce paysage dont j'étais née. Aucune pente de Saint-Tropez qui me fût étrangère, je les connaissais toutes, je les effleurais d'un slalom léger et je m'envolais vers la mer, jaillissant de la Citadelle pour zigzaguer à travers les ruelles obscures et me jeter dans les eaux calmes de la Ponche, ou me poser comme un oiseau sur la vergue d'une goélette mouillée dans le port... En skate, à vélo, à moto, je n'ai jamais eu peur.

Le réel était mon ami.

Et mon corps, mon plus sûr allié.

*

* *

– Faute ! Tu te fous de ma gueule ou quoi ? T'as du chewing-gum mâché à la place des biscotos ? Concentre-toi, merde !

Janvier. Il fait un froid de gueux et mes mains tremblent, mes bras tremblent, mes jambes tremblent. De froid sans doute, je ne sais pas. Et ce noir tout autour, j'ai horreur de ça, jouer quand il fait noir, d'accord il y a les projecteurs mais tout autour on ne voit rien de rien de rien, c'est pas normal ça, de jouer dans le noir, même si c'est vrai qu'en janvier il fait nuit si vite... Bon. Se concentrer ou alors ça n'ira pas du tout. Je fais tourner ma raquette dans mes mains et je me balance d'une jambe sur l'autre, imperceptiblement, retrouver mon corps, son assise, sensation rassurante des semelles bien posées sur le quick[1]. En face, immobile dans son survêt bleu, Régis prend son temps. Avec la buée qu'il fait en respi-

1. Surface dure en béton.

rant, on ne voit pas sa moustache, peut-être qu'elle va geler ? La balle rebondit sous sa raquette, une fois deux fois trois fois, ne te gêne pas, continue comme ça, si tu pouvais continuer toute la nuit jusqu'à demain matin ça m'arrangerait bien. Je jette un coup d'œil à ma montre, 19 h 45, une décharge me traverse depuis l'estomac ou le foie, je ne sais pas, et le cœur qui chavire et se déchaîne et les mains qui se mettent à suer... « Han ! » Oh le salaud je ne l'ai pas vue partir, je démarre un millième de seconde trop tard, et voilà faute directe. Il secoue la tête il ne dit rien, pourvu qu'il recommence, pourvu qu'il ne dise pas ça suffit pour aujourd'hui les conneries, pourvu que pourvu que... Je me remets en position, cette fois-ci concentration, on va faire durer, tu vas voir ça, des ronds des ronds des ronds et petit patapon et je reste au fond, et je te la renvoie comme tu aimes, demain on y sera encore...

– Bon, tu es plus bonne à rien, ça suffit pour ce soir.

Re-décharge électrique, oh non. Non non non non. Je regarde ma montre, 19 h 48, je vais y avoir droit, mon Dieu, faites que non, pas ce soir, demain, après-demain tant que Vous voudrez mais pas ce soir...

– On ferme la boutique ! Tu ramasses, je vais éteindre les lumières.

Bien sûr que je ramasse. À mon tour de prendre mon temps, je regarde le court jonché de balles jaunes, sous la lumière crue des projecteurs, elles sont presque fluorescentes et je compte les balles jaunes, j'en prends une, deux, je traîne mes semelles, je mets les balles dans le seau, et puis une autre, une autre...

– Oh ! J'ai pas que ça à faire ! Tu te grouilles ?

– Ouais, bon, ça va !

Les balles s'empilent dans le deuxième seau, j'en fais tomber, je ne le fais pas exprès, c'est à cause de mes mains qui tremblent et puis ce mal au ventre, je me plie en deux et je me redresse et je respire à fond, et une, et deux.

« Clac. » Le premier projo qui s'éteint. Je prends les dernières balles, je me dépêche, je les jette dans le seau, ça y est c'est fini, je soulève les deux seaux et je traverse le court, puis j'emprunte l'allée de gravillons et je glisse un regard en arrière, on entend un bruit de moteur là-bas sur le parking de l'hôtel, pinceau jaune des phares et mon cœur se décroche, est-ce qu'ils arrivent, est-ce qu'ils s'en vont, perdu, ils partent, perdu perdu perdu. Je regarde de nouveau devant moi, je suis arrivée au bout de l'allée, face à moi le cagibi blanc qui se découpe dans la nuit et la haute rangée sombre des cyprès, pas un bruit, je ne pense à rien surtout à rien et j'ouvre la porte. « Clac », le dernier projecteur s'éteint, des pas sur le gravier, des pas qui s'en vont, tout est noir. Je ne bouge pas, l'oreille aux aguets. Rien. Silence. Juste la plainte légère du vent dans les pins. Je me dirige avec mes seaux vers le fond du cagibi où attend le chariot, je trébuche sur je ne sais quoi, une bêche ou une pelle, je vide les seaux dans le chariot et soudain j'ai tellement faim, une faim monstrueuse, vite, engloutir deux pizzas et trois assiettes de spaghettis, je me dépêche, rejoindre Régis sur le parking, qu'il me ramène vite à la maison j'ai tellement faim...

Trop tard. Le gravier crisse, la silhouette se devine dans son survêtement bleu, Régis se fige un moment dans l'embrasure, il entre, ces yeux de fou, ce n'est plus lui, c'est l'Autre, il repousse la porte derrière lui, la ferme doucement, toujours si doucement, ne pas faire de bruit surtout, un pas et le voilà sur moi, à genoux devant moi, il souffle, il enfonce son groin moustachu en faisant mmhhhh et puis il descend ma culotte et moi j'ai tellement peur que je ne bouge pas.

*
* *

Ma peur : pendant dix ans elle m'a squattée, tapie au creux de moi, avec ses antennes partout – dans mes oreilles, dans mes yeux, ses griffes posées sur mon ventre prêtes à le transpercer au moindre signe suspect. Cette peur qui jouait du tam-tam dans ma cage thoracique et qui me pissait dans les mains n'avait pourtant pas toujours été là, comme en témoignent ces photos d'avant que j'ai exhumées du fond d'un placard.

Avant août 1980, ma peur et moi ne nous connaissions pas. Elle m'était si étrangère que je m'amusais à la provoquer pour le plaisir du cœur qui bat un peu trop fort, d'une course éperdue avec la bande des garçons pour échapper à un croque-mitaine imaginaire, de voir pâlir ma sœur Françoise en lui disant « j'ai entendu des pas... ». Notre ferme tropézienne de Tahiti était le théâtre idéal de ces peurs d'enfant. Je nous revois, Françoise et moi, assises l'une contre l'autre sur le canapé du salon, un paquet de bonbons entre nous. Il fait nuit, mais une lumière douce et dorée baigne l'immense pièce meublée à l'ancienne qui servait de pressoir avant que mes parents n'investissent les lieux. Ce soir, ils sont sortis chez des amis, me confiant à la garde de ma sœur aînée. Nous avons fini de dîner, nous n'avons pas envie d'aller nous coucher, je m'ennuie un peu. Alors je regarde le noir à travers la grande baie vitrée. Qu'est-ce qu'il peut bien y avoir là-bas ? Je sais : d'abord le grand eucalyptus, puis le bout du jardin avec sa haie de bambous. Je sais, mais on ne voit rien. Alors que nous, comme il est facile de nous voir derrière cette immense baie sans volet ni rideau ! Deux petites filles blondes sur un canapé, et là-bas, une, trois, dix paires d'yeux qui nous observent et nous détaillent tout leur soûl. Peut-être des loups. Ou alors des voleurs. Avec un pistolet. Complice, le grand eucalyptus émet un craquement. Ma sœur sursaute et pousse un petit cri, je pose mes mains sur mes yeux, j'appuie de toutes mes forces et puis je les enlève, ce coup-ci je les vois pour de bon les dizaines de petits points jaunes disséminés dans les bambous, ce sont des cambrioleurs aux yeux de chat, nouveau craquement, échange de regards avec ma sœur : on monte ? Et c'est la ruée à l'étage – je n'oublie quand même pas les bonbons – vite fermer les volets de la chambre, vite tirer les rideaux, vite au lit ! Et une poignée de Michoko : les émotions, ça creuse...

Voilà à quoi se résumèrent pendant treize ans mes plus grandes peurs d'enfant. Peur d'un danger caché dans la pénombre de la nuit, peur d'être vue à mon insu, peur des créatures tapies dans l'opacité des algues marines, des serpents lovés au creux des sillons dans les vignes de notre jardin. Peur du gendarme aussi, lorsque ma petite bande et moi escaladions les grilles des villas de luxe sur la plage des Canoubiers pour tester l'eau de leurs piscines à l'approche de la belle saison. Les ai-je redoutés et guettés, ces gendarmes qui surgiraient un jour pour nous mettre les menottes aux mains ! Mais je cachais ma peur, moi la seule fille de la bande, et j'escaladais crânement ma grille la première en traitant les autres de poules mouillées. Aujourd'hui, il m'arrive parfois de croiser un de ces petits garçons devenu quadragénaire sur le port ou la place des Lices. Toujours, il se souvient du diablotin blond couleur de pain d'épice qui faisait honte aux garçons parce qu'il grimpait plus haut, sautait plus loin, courait plus vite qu'eux. Devine-t-il quel gouffre s'est creusé entre l'Isa d'antan et celle de quarante ans ? Est-il choqué comme je le suis moi-même en découvrant, sur les photographies récentes que j'ai étalées sur mon lit, ces paupières toujours baissées, ces yeux qui fuient sur les côtés, ces invisibles fils qui tirent vers le bas les commissures des lèvres ? Des épaules qui plient sous un poids invisible, des seins mûrs et gonflés qui ne savent qu'inventer pour se faire oublier, un corps qui se livre à l'empâtement dans l'espoir vain de disparaître... À force de me voir ainsi, j'en avais fini par gommer de ma mémoire le souvenir même de l'autre Isa, celle des premiers temps, d'avant août 1980. Il a fallu ce retour au pays pour qu'elle vienne me narguer, petit lutin rieur, jaillissant d'un album aux photos défraîchies, d'un dialogue impromptu sur la place des Lices avec un amour d'enfance oublié.

Et moi qui, aujourd'hui, ne suis plus ni l'une ni l'autre, étrangère à moi-même en ce corps maigre et morcelé que je ne reconnais pas, j'ai besoin de comprendre. Par où la peur s'est-elle insinuée en moi ? Pourquoi ne m'a-t-elle jamais quittée, bien après que j'ai échappé à l'Autre ? Moi la rebelle que rien n'arrêtait, comment me suis-je laissé ligoter ? Comment ai-je pu devenir le contraire de moi-même ?

Cette enquête me le dira.

## – 5 –

# CONTRÔLE

Plus nostalgiques que moi, mes parents ont conservé avec un soin d'écureuil maniaque toutes les coupures de presse qui ont ponctué ma carrière de championne. J'en ai récupéré de quoi remplir deux cartons, et j'ai rapporté le tout dans le petit trois pièces que je loue rue Gambetta, au second étage d'une vieille maison de village. La perspective d'aller barboter ainsi dans le passé ne me réjouit pas : la seule vue de ces articles jaunis me colle des palpitations. Chacun d'eux charrie avec lui un tel magma de souvenirs emmêlés, comme un grappin sa touffe d'algues, que je les viderais bien dans un grand sac-poubelle de cinquante litres. Exit Demongeot, adieu l'artiste ! Pourtant au lieu de ça, accroupie sur les tomettes anciennes de ma salle de séjour, je sors les coupures par poignées et les dépose sur le canapé recouvert de cretonne blanche. Je le sais pertinemment, les trois quarts des réponses aux questions que soulève mon enquête sont là-dedans. Ou, si elles n'y sont pas, la relecture méthodique de ces articles les fera forcément resurgir des replis de ma mémoire où elles se sont esbignées. Certains de ces papiers valent leur pesant de crêpes Suzette, on ne peut dire que « chapeau bas » au reporter visionnaire qui a concocté ça : « *Sea, Set and Sun* » titre celui-ci. On nous y voit, Nath et moi, très stars, alanguies sur un ponton au soleil couchant. Bien joué, l'ami ! Et cette double page grandiose : plein pot sur le chariot rempli de balles jaunes, avec son accroche prometteuse en page de droite : « Vivre au Refuge », à laquelle répond cette autre, non moins délectable, en page de gauche : « Demongeot sur son grand braquet. » Ça les fascinait à l'époque, les journalistes, toutes ces gamines vivant sous le même toit que leur entraîneur, au célèbre « Refuge », et que je te photographie la salle à manger, les chambres, le portail d'entrée, et Régis impérial au milieu de sa couvée... Je repense aux gendarmes inspectant la maison de Dutroux où sont enfermées Julie et Mélissa, qui concluent : RAS, et repartent tout contents d'eux. Le flair, ça ne s'explique pas...

J'ai décidé que dans un premier temps, je me contenterais de trier les coupures par années. Je n'en fais évidemment rien, et j'engloutis toutes les pages imprimées qui me tombent sous les yeux, comme une boulimique ses pots de Nutella et de

Häagen-Dazs. « Sensation à Clermont : la Tropézienne Demongeot bat Cathy Tanvier... » « Les effrontées de Saint-Tropez... », « Demongeot impressionne Navratilova... » Je glisse rapidement sur les années glorieuses, j'y reviendrai bien sûr, mais pour l'instant je cherche je ne sais quoi, les dernières années peut-être, celles du déclin, de la chute, de la plongée dans les bas-fonds du classement... Une question qui me hante, quand est-ce que tout a commencé à basculer, quand est-ce que la magie a cessé, quand est-ce que le petit prodige qui devait intégrer le Top Ten s'est transformé en has been prématuré ? Je tombe sur ces mots de François Jauffret, l'ancien n° 1 français qui m'a entraînée de septembre 1989 à juin 1990 : « Isabelle Demongeot est une fille un peu défaitiste, autodestructrice... » Papier pourtant ancien, daté de 1988, j'étais n° 2 française, mes plus grandes victoires étaient encore à venir, le National en 1989 et Westchester en 1991, et déjà, sans me connaître, il devinait. Je continue de fouiller dans le tas de feuilles jaunies, je lis, je lis, je ne m'aperçois même pas que la nuit est déjà là, je tombe sur cet autre article, de mars 1989 : « On craint toujours de voir Isabelle Demongeot reprise par ses vieux démons : ceux qui la font se contracter irrémédiablement au moment où elle a certains matchs en main... » Mais le pire est à venir, Roland-Garros, 1989 toujours, celui-là devait avoir un laser greffé entre les deux yeux, ou non, tout simplement il connaît bien le tennis : « La Tropézienne a tout pour briller... Hélas, dans les moments cruciaux, elle commet des fautes directes. On dirait qu'elle ne croit pas pouvoir aller jusqu'au bout, qu'elle n'ose pas envisager le succès, pourtant justifié par son talent. » K.-O., je me hisse sur le canapé au milieu des coupures et je fixe le mur blanc devant moi. Ces fautes directes, je les revois, ou plutôt je les sens encore au bout de ma raquette, dans mes semelles – cette intuition que mes plus fidèles alliées, ces prolongements de mes membres s'apprêtent à me faire faux bond, je tape et hop, ça ne loupe pas : aux abonnés absents ! La semelle qui glissouille, la raquette qui me godaille dans la main, la balle qui n'en fait qu'à sa tête de balle et hop, rebond avant le filet, erreur de débutante en plein Roland-Garros, de quoi se liquéfier sur place. Ou pire encore, et si fréquent, le match est à moi, c'est mathématique, j'empoche les jeux les uns après les autres, j'y vais de tous mes coups et Dieu sait que j'en ai, la panoplie complète, du smash au revers à une main, de l'amorti délicat à la montée fulgurante au filet, je suis partout, je danse, mon placement est d'une justesse millimétrée, première balle de service boulet de canon, c'est peu de dire que mon adversaire est pulvérisée, elle est atomisée, mon public vibre, il m'aime. Et voilà que la balle arrive vers moi, ni plus ni moins rapide qu'à l'ordinaire, ni coupée ni amortie, désespérément prévisible et normale, et je la regarde les yeux écarquillés, immobile, comme si un sorcier venait de changer mes muscles en béton armé : que faire ? Le blanc. Je ne sais pas pourquoi j'ai bloqué ma première impulsion, celle que me dictait mon instinct, de monter au filet à contretemps pour la smasher, et je reste là bras ballants. Une voix murmure dans ma tête : « Arrête de faire ton show, on n'est pas là pour épater la galerie, on est là pour gagner, tu vas la faire gagner avec ta stratégie à la mords-moi le nœud, renvoie cette putain de balle sans faire d'histoire ! » La balle est là, trop tard, je suis ridiculement mal placée, mon corps part en arrière, un peu plus et je tombais, je bricole un coup droit asthmatique, la balle décrit mollement un orbe improbable et vient mourir exténuée à un mètre de la grille...

*
* *

Un ami coureur de fond qui n'aime pas le tennis me disait l'autre jour : le tennis, quel sport de frustré ! Courir pour s'arrêter trois mètres plus loin, lancer dans un petit rectangle de rien du tout une balle qu'on a frappée à s'en dévisser le bras, il faut vraiment être maso pour se plier à ce genre de règles contre nature. Il était loin de se douter qu'en cherchant à me taquiner, il posait le doigt sur ce qui fait le mystère du tennis – tour à tour délice et cauchemar pour ceux qui le pratiquent selon que la grâce est ou non au rendez-vous.

Tout lâcher et tout maîtriser. Puissance et retenue. Avoir les bras plus fins que des allumettes et propulser la balle à plus de 180 km/h. Se désarticuler comme un pantin dont on coupe le fil – tout en sachant déjà que la petite sphère jaune dont la raquette va toucher un centimètre carré atterrira là-bas, juste dans l'angle, et mordra à peine sur la ligne. Avant même d'avoir frappé la balle, deviner où l'adversaire la renverra... Le tennis est un sport pétri de paradoxes, et il en dit plus long sur celui qui tient la raquette que le psychiatre le plus assermenté.

Mon ami qui a tout compris se trompe autant qu'il a raison. Loin d'être un sport contre nature aux règles castratrices, le tennis est la plus jubilatoire, la plus totale des danses. Mais à une condition : que le joueur soit en possession de tous ses moyens. Si cette condition n'est pas remplie, il s'inverse aussitôt et devient une machine à déformer les âmes et les corps.

Mon histoire d'amour avec le tennis a commencé très tard. Bien trop tard, à en croire certains théoriciens de la compétition qui donneraient volontiers des raquettes à téter aux nourrissons dans les maternités. J'avais déjà vécu des flirts très poussés avec d'autres sports, pas seulement le ski de piste et le skate, mais aussi le handball où je faisais merveille grâce à ma vitesse de bras.

C'était l'été de mes onze ans. Je coulais avec ma grand-mère des jours ensoleillés teintés d'un très léger ennui dans notre appartement de Pra-Loup. Âgés respectivement de vingt-quatre, vingt et un et dix-neuf ans, mes frères et ma sœur vivaient leur vie de grands je ne sais où. Quant à mon père et à ma mère, fidèles au poste, ils faisaient tourner leur petit commerce de luminaires tropézien, maman dans la boutique de la Citadelle où elle recevait les clients, papa dans l'atelier de Tahiti à fabriquer ses abat-jour. Mammy et moi goûtions ces moments de complicité, il est vrai très fréquents, puisqu'elle vivait à Saint-Tropez. Descendant d'une famille de diplomates, ma grand-mère paternelle était d'un raffinement exquis. J'ai su plus tard que son père – mon arrière-grand-père – avait été l'ordonnance de Guynemer. À cette époque, je me contentais d'admirer cette façon inimitable qu'elle avait dc dirc « plaît-il ? » au lieu de « comment ? » pour faire répéter les gens.

En cet été 1977, donc, je m'ennuyais un peu comme tous les étés, faute d'un sport excitant à pratiquer. Outre les grandes balades et les parties de cartes avec Mammy, ma seule occupation était la piscine où je me rendais chaque après-midi. Il fallait, pour l'atteindre, longer les courts de tennis. J'étais déjà passée près d'eux des dizaines de fois, sans jamais y jeter autre chose qu'un coup d'œil distrait. Mais ce jour-là, ce fut différent. Car ce jour-là, les gradins étaient combles, et un arbitre tout de blanc vêtu était assis sur la chaise haute ordinairement vide qui surplombe le court. Curieuse, je m'approchai du grillage. Deux joueurs s'affrontaient. Leurs échanges étaient longs et leurs frappes puissantes, parfois accompagnées d'un « han ! », imprimaient à la balle un rythme régulier que soulignait le bruit sourd du rebond. De temps en temps, la voix de l'arbitre s'élevait, « Faute ! », et l'échange s'arrêtait aussitôt. Je me figeai, subjuguée. Que d'ordre, que de calme maîtrise dans le spectacle que j'avais sous les yeux ! Ce tennis-là était aux antipodes des glissades ridicules, des moulinades de bras auxquelles se livraient les amis de mes frères sur les deux courts de Tahiti. « Jeu Léon », fit la voix de l'arbitre, tandis que crépitaient quelques applaudissements. Les deux joueurs s'assirent, chacun sur son banc, et burent, chacun à sa bouteille, quelques gorgées d'eau minérale, presque d'un même geste. J'en profitai pour me faufiler jusqu'aux gradins où je finis par dénicher une petite place. Et la partie reprit – elle ne faisait que commencer. Oubliée, la piscine : je ne bougeai pas de là jusqu'à la balle de match, fascinée par le rituel mystérieux qui se célébrait devant moi. L'essentiel m'en échappait, mais à force d'observation et de concentration, j'avais fini par saisir quelques trucs. Le comptage des points, le changement de côté. Tout était si méticuleusement réglé, et ce silence ! Pas de cris, pas de rires ni de protestations, une chorégraphie muette obéissant à un rythme venu de l'intérieur. Jamais je n'avais vu tant de beauté. J'étais bouleversée.

Le soir même, j'annonçai à Mammy qu'il me fallait d'urgence une raquette. Habituée à mes caprices de petite dernière trop gâtée, elle me rit au nez.

Le tournoi durait une semaine : je revins tous les jours. J'eus tôt fait d'assimiler toutes les règles. Comme j'enviais ces hommes qui s'affrontaient sur le court ! Chacun ne dépendait que de lui-même. Maître en son royaume aux frontières soulignées de blanc, muni de sa raquette, il ne tenait qu'à lui de perdre ou de gagner, de dessiner avec sa balle un gracieux arc de cercle ou de la propulser comme un boulet de canon. À lui d'inventer sa tactique, de prendre seul ses responsabilités, il était libre – dès lors qu'il respectait la Loi incarnée par l'homme là-haut, sur sa chaise. Les règles décryptées, je me concentrai sur les coups. Comment les joueurs s'y prenaient-ils pour que leur raquette leur obéisse comme ça ? On aurait dit une main télescopique, elle venait toujours se placer exactement où il fallait. De retour à l'appartement, le soir, je faisais des essais avec les casseroles, les poêles de Mammy pour juger de l'effet. Et je revenais à la charge : il me fallait une raquette, c'était vraiment très important. Mammy était perplexe, le caprice durait, pouvait-on encore parler de caprice ? Je passais mes journées entières au tournoi, déclinant toute proposition de balade en montagne, délaissant mes affaires de piscine... Elle temporisa malgré tout, tandis que j'enrageais de ne pouvoir tester sur le mur du club tous ces coups magnifiques dont j'ignorais le nom mais dont j'avais décortiqué, à force de les observer, la technique et la position.

Enfin, j'eus gain de cause. J'avais appliqué sans scrupule la tactique du harcèlement généralisé, coups de téléphone à papa, puis à maman, supplications à Mammy, avec négociation habile : j'achèterais les balles moi-même avec mon argent de poche, j'avais repéré au magasin de sport une raquette pas trop chère, etc. J'eus ma raquette.

Et là, seule face à un mur de ciment vert agrémenté d'une ligne blanche horizontale, je passai le plus bel été de ma vie.

Ma rencontre avec le tennis fut celle d'un tempérament de maniaque avec un sport d'absolue précision. Pour moi qui, de ma vie, n'ai jamais laissé traîner une chaussette ni perdu un crayon, moi qui ferais volontiers mon lit au carré avant d'être levée et ma vaisselle avant d'avoir débarrassé, moi la traqueuse de miettes, la gaga des plannings, l'obsédée du chaque-chose-à-sa-place-et-surtout-que-rien-ne-dépasse, le tennis fut un éblouissement. Pendant ce mois d'août, à Pra-Loup, le monde se résuma à un mur vert avec sa ligne blanche tracée à quatre-vingt-dix centimètres du sol. Du matin au soir et du soir au matin, je faisais mes gammes avec l'obsession implacable d'un métronome, découpant ma journée en défis successifs, et le mur en zones à viser. Deux joueurs venaient-ils à échanger quelques balles sur le court, je me précipitais, avide de détails techniques à piquer. Ma moisson de « bons gestes » achevée, je filais vers mon mur où je les répétais inlassablement, rêvant au jour où tous ces beaux mouvements me seraient aussi naturels que de respirer ou manger.

Après le mur du club de Pra-Loup, ce fut celui des Marres, à Saint-Tropez. Même dimension, même ligne blanche – à ceci près que les vignes et les pins remplaçaient la montagne, lorsqu'il m'arrivait de lever le nez. De retour de vacances, j'avais tout de suite annoncé la couleur à mes parents : il me fallait d'urgence un club où taper la balle, ou je ne répondais plus de moi. Veine incroyable, il s'en trouvait un à deux kilomètres à peine de l'Amourié, la nouvelle maison où nous nous apprêtions à emménager, tout près de la route des Plages. En fait, c'était un hôtel trois étoiles de style provençal avec un grand jardin, doté de quatre courts de tennis que le club et ses membres partageaient avec les clients. Le mercredi après-midi, j'y prenais mon heure de cours collectif réservé aux grands débutants. Et tous les autres jours, mes devoirs achevés, j'enfourchais mon vélo pour filer à mon rendez-vous d'amour avec le mur vert.

De septembre 1977 où j'y posai le pied pour la première fois à août 1980, l'hôtel des Marres fut pour moi ce qu'il devait longtemps rester pour beaucoup de Tropéziens : un lieu de pure magie posé parmi les vignes, où des petites filles venues des quatre coins du Var se métamorphosaient en championnes de tennis. Trois hommes y officiaient, un drôle de tandem et un magicien. Marius Loi gérait l'hôtel avec son fils Roger ; Régis de Camaret régnait sur les courts où jeunes et moins jeunes se disputaient l'honneur de suivre ses leçons, de préférence particulières. Avant d'accéder au paradis des amateurs de raquettes, il fallait franchir une zone dangereuse, celle de l'hôtel avec sa grande pelouse à traverser. Il était bien rare de ne pas y croiser Roger attelé à quelque tâche anodine aux allures toujours belliqueuses, qu'il pousse sa tondeuse comme un char d'assaut ou brandisse son sécateur à la façon d'un réducteur de têtes. Roger était persuadé de détester son métier et tenait surtout à le faire savoir. Ne manquant pas une occasion de nous informer qu'il allait « tout plaquer » tant il ne pouvait plus supporter ces cons-là, il se mettait soudain à hurler en jetant un regard de haine au malheureux client qui venait à passer. Nous autres sportifs avions l'heur de ne pas faire partie des cons : Roger vouait au sport et à ceux qui le pratiquent une admiration enfantine. Quant à Régis le magicien, il ne fut longtemps pour moi qu'une grosse moustache voletant, affairée, d'un court à l'autre : il avait beaucoup mieux à faire que de s'occuper des débutantes de mon espèce.

Mais je me fichais comme d'une guigne de Roger ou de Régis, en cette fin d'année 1977 : ma raquette et moi avions bien trop à faire avec le merveilleux mur vert ! Je progressais si vite que je ne cessais de changer de groupe, aux cours du mercredi. La première leçon de service avait été un choc, pour le professeur comme pour moi : ce geste si complexe et si peu naturel, que certains n'acquièrent jamais pour de bon, m'était venu d'emblée, aussi spontanément que la nage pour un chien qu'on jette à l'eau.

Très tôt, j'ai annoncé la couleur à mes parents : pas question de pratiquer le tennis en dilettante, pour le plaisir de taper dans une baballe le mercredi après la classe. Ce que je visais, c'était la grand-messe solennelle avec tout son rituel, l'arbitre juché sur sa chaise, le comptage des points qui s'égrène, 15-30, 30 A, 30-40... avantage Demongeot... jeu Demongeot... La compétition, les tournois ! Moi qui, au début de l'été, ne connaissais en fait de « sets » que les sets de table, je me fixai sérieusement ce but : pas plus tard que l'année suivante, je participerais aux championnats de France benjamines. En d'autres termes, je me donnais un an pour me classer, moi la débutante de onze ans, dans les trois premières de la ligue Côte d'Azur. Non seulement j'y croyais mais j'étais sûre de mon fait. Et pour m'en donner les moyens, après avoir limité mes assauts au mur vert, je passai aux adhérents adultes du club.

Ma stratégie était sommaire : du haut de mes trente kilos tout en jambes de sauterelle, j'interpellais le premier clampin qui passait armé d'une raquette : « Vous voulez bien jouer avec moi, s'il vous plaît ?... » C'était souvent non, parfois oui. L'affaire se concluait toujours, ça va de soi, par une monumentale raclée. Mais je m'en moquais bien : tirant profit de cette dérouillée, je me fixais mes objectifs pour la fois d'après, que je notais sur un calepin. « Vous voulez bien jouer avec moi, s'il vous plaît ?... » Nouvelle raclée, bien sûr – mais un poil moins monumentale, peut-être. Et ainsi de suite pendant toute l'année. Pourquoi ne pas jouer plutôt avec les garçons ou les filles de ton âge et de ton niveau ? m'interrogeaient souvent les « adultes » étonnés par tant d'obstination à se faire réduire en purée. Je haussais les épaules sans rien dire, la réponse pour moi allait de soi : c'était la seule façon de progresser vite, donc d'atteindre mon but.

Dont acte : un an plus tard, j'étais championne du Var par équipes en catégorie benjamine.

L'année d'après, j'étais classée. Et c'est là que les ennuis ont commencé.

## – 6 –

# MUTILATION

– C'est carnaval ou quoi ? T'as décidé de te déguiser en Gilbert Montagné ?

C'était un samedi de février froid et sec, avec un de ces ciels bleu foncé de mistral qui vous font vibrer la cornée à force de lumière froide. Je venais d'arriver aux Marres pour la leçon de l'après-midi avec Régis de Camaret, qui m'entraînait depuis septembre, et je me doutais bien un peu que ça allait chauffer. Les filles ont rigolé. J'ai fait celle qui n'entendait pas et j'ai continué à me préparer comme si de rien n'était. Le bandana à ajuster – pas très facile, avec les montures de ces sacrées lunettes de soleil sur les côtés, mais j'y suis arrivée... J'ai tiré le zip pour dégager ma raquette de son étui, ma belle raquette Lacoste en fer dont j'étais si fière : eh oui, maintenant je représentais la marque, comme les grands, à pas encore treize ans ! Je l'ai soupesée d'un geste machinal, émerveillée comme toujours de la sentir si légère dans ma main – peut-être aussi que je cherchais à me donner une contenance, j'avais tout de même fait fort, il fallait avouer.

J'ai vérifié que mes lunettes tenaient bien sur mon nez et puis je me suis mise en place au fond du court, avec les autres. Rachel s'est approchée de moi et m'a gentiment ébouriffé les cheveux.

– Salut bout de chou, tu frimes ?

Rachel allait sur ses quinze ans, tout comme Marie, sa meilleure amie, Véro avait un an de moins. Moi, j'étais la petite nouvelle, le bébé de l'équipe.

De l'autre côté du court, ça commençait à s'énerver.

– Oh, tu m'entends, Travolta ? Vire-moi ces lunettes de soleil !

– Je peux pas.

– Comment ça tu peux pas ?

– Je peux pas, j'ai mal aux yeux.

C'était peu dire : en fait d'yeux, j'avais de chaque côté du nez deux fentes douloureuses entre lesquelles mes prunelles essayaient désespérément de se frayer un chemin, histoire de montrer qu'il restait du bleu. On peut dire que je ne m'étais pas ratée ; ma cornée était cramée, j'avais dû passer quatre jours enfermée dans une chambre noire avec piqûres, gouttes de collyre et tout le tralala. D'où le port des lunettes noires, moi qui ai horreur de ça. Je m'étais débrouillée pour reculer au maximum le moment d'avouer le truc à Régis, mais de toute évidence, le délai était expiré.

En deux bonds, il fut près de moi. Il a retiré mes lunettes d'un geste brusque et laissé échapper un juron.

– Merde ! Qu'est-ce que c'est que ce bazar ?

– C'est rien, c'est guéri, maintenant, ça va...

– Guéri ? Tu te fous de moi ! Tu as vu ta gueule ? Et ça suinte, avec ça ! Qu'est-ce que tu as fabriqué ?

Il a bien fallu cracher le morceau. Les vacances d'hiver à Pra-Loup, les lunettes oubliées, et ces pistes enneigées juste comme je les aime – pas trop damées, quand les skis en tournant font un petit chuintement de coton... Voilà, quoi, zut, je n'avais pas pu résister, maman avait eu beau me mettre en garde à l'heure du déjeuner, j'avais skié sans lunettes du premier télésiège à la fermeture des pistes, par un soleil à vous faire rissoler comme une pomme de terre sautée sur sa poêle. Un des meilleurs moments de ski de ma vie – je n'avais pas skié, j'avais volé.

– Il avait fait mauvais tout le temps, c'était le premier jour de soleil..., ai-je ajouté un peu bêtement, comme si ça pouvait arranger les choses.

Ça n'arrangeait vraiment rien du tout. Comme les filles étaient collées à nous écouter, il leur a hurlé qu'elles feraient mieux de se bouger le train plutôt que de bayer aux corneilles. Il a mis en place un exercice et puis il est revenu se planter devant moi, tout blanc de colère. Je ne comprenais pas bien pourquoi il se mettait dans cet état-là. Sur le moment, bien sûr, mes parents avaient eu peur pour moi car pendant quelque temps, je n'y voyais plus rien. Mais maintenant que j'étais tirée d'affaire, tout le monde était content et on n'en parlait plus. Il s'est mis à crier que je n'avais pas le droit de *lui* faire ça – et juste avant le tournoi de Cannes –, j'étais complètement inconsciente, je voulais tout planter avec mes caprices d'irresponsable. D'abord qu'est-ce que j'avais besoin d'aller faire mon intéressante sur des pistes de ski ? Il faut savoir ce qu'on veut dans la vie, lui savait ce qu'il voulait, il voulait faire de moi une championne de tennis, c'était son contrat avec moi, vrai ou faux ? Pour ça il faisait des sacrifices, mais moi au lieu de lui en savoir gré, au lieu de lui dire merci et de faire ce qu'il me disait, je ne trouvais rien de mieux que d'aller me brûler les yeux sur les pistes de ski comme une petite conne que j'étais.

– Et la prochaine fois ça sera quoi ? Tu vas te péter une guibolle, un bras ?

Il m'a dit « quand on veut devenir championne il faut payer le prix, on n'a pas le droit de faire n'importe quoi avec ses yeux, ses bras, son cul, c'est précieux un corps, ça s'entretient, ça se ménage, mais à ton âge on n'a aucune idée de ce qui est bon ou pas, on est un vrai danger pour soi, moi je sais ce qui est bon pour toi »...

C'était mon premier vrai savon. Je n'en revenais pas, il n'était pas seulement furax, il m'en voulait comme si je l'avais trahi, comme si j'avais fait ça contre lui, de me brûler les yeux sur cette fichue piste de ski. « Tu ne mérites pas l'intérêt que je te porte, en fin de compte je me suis trompé, tu es tout juste bonne pour les cours collectifs avec les culs de plomb, les dilettantes qui viennent montrer leurs jambes toutes bronzées sur les courts en remuant du croupion... » Il durait ce savon, je commençais à avoir peur, peur de lui et peur qu'il ne plaisante pas, peur qu'il ne veuille vraiment plus s'occuper de moi, peur de ne pas être à la hauteur, peur d'être reléguée dans les cours « loisir » avec ses adjoints, comme dans les premiers temps. Il ne pouvait tout de même pas me renvoyer alors que j'avais déjà rattrapé les autres filles ? Souvent, d'ailleurs, je les battais, ces filles qui avaient deux ans de plus que moi et qui jouaient depuis trois fois plus longtemps ! En même temps je trouvais qu'il était injuste, s'il m'entraînait depuis la rentrée, c'était bien parce que je l'avais mérité, non ? Si j'avais fait les championnats de France à Roland-Garros l'été d'avant en août 1978, après à peine un an de tennis, c'était bien parce que j'avais travaillé, non ? C'était justement après Roland-Garros, d'ailleurs, qu'il s'était intéressé à moi, du coup depuis septembre dernier il m'entraînait et c'est vrai, ça avait tout changé...

– C'est bon, O.K., j'aurais pas dû, je te jure que je le ferai plus, je vais faire gaffe la prochaine fois, promis.

Je déteste m'excuser, surtout quand je n'ai rien fait de mal, mais tout ce cirque commençait à me déstabiliser, d'autant qu'il parlait fort – sur le court, les filles n'arrêtaient pas de se retourner vers nous, et même sur les courts d'à côté, les adhérents du club n'en perdaient pas une miette, j'avais un peu honte et puis marre de son bla-bla, hâte de me mettre à jouer et qu'on n'en parle plus. Mais je ne connaissais pas encore l'ostrogoth et ses méthodes pour casser les rebelles, casser celles qui, à son goût, n'obéissaient pas assez vite ou pas assez bien. Il m'a regardée en secouant la tête avec un petit sourire vaguement méprisant sous sa moustache, puis il a reculé de quelques pas sans me quitter des yeux avant de me tourner le dos et de passer de l'autre côté du court d'un pas tranquille, sa raquette à la main.

Le cours a commencé, était-ce service ou gammes de revers je ne sais plus, tout ce dont je me souviens c'est qu'il ne m'a plus adressé un mot. Quand venait mon tour pour l'exercice il regardait ailleurs en affichant un air d'ennui, ou si une mère d'élève passait par là, il la rejoignait dans l'allée de gravier qui longeait le court et lui faisait son numéro de charme habituel, moustache coquine et paluche frôleuse. Les mères d'élèves étaient souvent folles de Régis, il faut dire qu'il savait y faire avec ses grands compliments à rallonge, tout ce qui portait jupon y avait droit, même les gros tas ou les nids à boutons. J'étais au bord des larmes, dans ma poitrine mon cœur pulsait comme un fada – il ne pouvait pas me traiter comme ça, pas à quelques jours du tournoi ! Mais j'ai eu beau tout essayer, m'appliquer à faire le geste juste, jouer comme une patate exprès pour le faire réagir, rien, pas un regard et pas un commentaire. Je n'existais tout simplement pas.

C'est seulement au moment de quitter le court, la leçon achevée, qu'il s'est approché de moi et m'a soufflé :

– Alors, tu es décidée à arrêter les conneries ?

J'ai fait oui de la tête.

– O.K. Alors à partir d'aujourd'hui, fini le ski, ou j'arrête de t'entraîner.

C'était en février 1979. J'avais douze ans et demi. Depuis ce jour, je n'ai plus jamais fait de ski.

Au début, on ne se méfie pas. En tout cas, pas quand on est, comme je l'étais, une petite fille bien élevée. C'est une telle évidence : l'adulte sait mieux que nous. L'entraîneur, c'est comme les parents, il n'y a rien à dire, seulement à s'incliner, quitte à grogner un peu, pour la forme. Et puis, l'avenir glorieux qui nous est promis mérite bien quelques sacrifices, non ? Donc on écoute, on obéit, d'autant plus volontiers que le consensus est tellement unanime ! Les parents disent « amen ». Les aînées qui ont précédé donnent l'exemple de la docilité. Et puis, les premiers résultats sont là, déjà... On ne va pas gâcher cette belle ascension avec ses états d'âme de petite fille gâtée ? Donc on cède, on capitule. On n'a pas vraiment le choix. Et quand on se réveille, on est une femme depuis longtemps déjà. On n'a jamais rien lu, on n'a jamais rien vu, on n'a jamais dansé, on n'a jamais flirté, on n'a jamais aimé, on ne sait plus skier, on ne sait plus rien faire du tout – si ce n'est continuer.

La fin du ski fut le début du reste. Renoncer à ce sport que je chérissais plus encore que le tennis, ne plus faire face à la pente en brûlant de l'avaler, ne plus sentir au fond des os cette certitude surnaturelle que rien ne pouvait m'arriver, ce fut comme me faire amputer d'une partie de moi. Le ski était mon réservoir intime de confiance en moi. Je le sentais, je n'aurais su le formuler, et donc je n'ai rien dit. Mes parents n'ont pas protesté, tout à l'excitation de mes premiers succès : comme pour donner raison à Régis, les victoires, de ce jour, n'avaient cessé de s'enchaîner à une cadence frénétique. Ce même mois de février nous vit devenir, Véronique et moi, championnes du Var par équipes, puis de la ligue. Comme pour me consoler de n'avoir pu skier aux vacances de printemps, je mis au mois d'avril une pâtée remarquée à une joueuse classée 15/3[1] lors du tournoi de Sainte-Maxime, tant et si bien que notre équipe tropézienne passa en seconde série. Mai, juin, juillet, rien ne pouvait m'arrêter, minimes ou adultes, classés 15/4, 15/3 ou 15/2, je pilonnais en cadence tout ce qui bougeait sur la Côte d'Azur.

Dans mon souvenir, ces tournois des premiers temps ne furent qu'euphorie légère. Papa, maman, Papy, Mammy, ma sœur, mes grands frères, tantôt les uns, tantôt les autres, parfois tous – et même les jours fériés –, le clan Demongeot s'entassait en voiture sous un cagnard à faire fondre les tôles pour soutenir sa petite dernière. Pour mon père et ma mère dont les trois aînés s'étaient envolés – mes frères étaient partis depuis belle lurette et ma sœur Françoise, à vingt ans, venait de s'installer avec son amoureux –, mon entrée en tennis fut une merveilleuse aubaine. À peine s'ils s'aperçurent que les chambres des grands étaient vides : des petites filles en jupes légères qui ne parlaient que passing-shot et tie-break ne cessaient d'y virevolter, quand elles n'étaient pas agglutinées devant le poste de télévision pour disséquer chaque mouvement de Chris Evert ou de Mandlikova. Mes

1. 15/5, 15/4, 15/3, 15/2 et 15/1 renvoient à des classements de milieu de troisième série dans le classement des joueurs de tennis français (15/1 étant meilleur que 15/5), et 0 renvoie à un classement de milieu de seconde série.

parents firent mieux que jouer le jeu : cet univers si nouveau pour eux devint le leur autant qu'il était le mien, imposant ses règles à leur espace, sa loi à leur emploi du temps, jusqu'à s'immiscer dans leurs rêves et à imprégner leurs désirs. Maman, que de ma vie je n'ai vue pratiquer un sport, s'enticha de technique et de stratégie tennistique. Papa se mua en taxi à ma dévotion exclusive. Chacun, à commencer par moi, se laissait emporter avec une griserie ravie par ce grand vent de baraka qui soufflait sur l'hôtel des Marres, charriant après lui sa moisson de coupes et de médailles.

Autant dire que l'heure n'était pas à regretter le ski.

À y repenser aujourd'hui, quelle ironie : année bénie des dieux où toute balle m'était propice, année de toutes les victoires et de tous les possibles, 1979 fut en fait paradoxalement l'année du reniement – celle où j'ai renoncé à moi.

Qui s'en serait douté en me voyant cet été-là, à deux mois à peine de mes treize ans, partir sans mes parents affronter des joueuses expérimentées dans une région inconnue ? J'étais sur ma lancée, je rêvais d'en découdre avec le monde entier : comme si mes désirs suffisaient à susciter les événements, un couple de vacanciers rencontrés au tennis des Marres me proposa de m'emmener aux circuits de Sarlat et de Brives. Ils s'appelaient Pep et André, raffolaient du tennis et vivaient à Brives ; pendant une dizaine de jours, ils se mirent à mon service pour m'accompagner et me raccompagner, m'encourager, me nourrir et me dorloter. Que faire pour les remercier, sinon ce qu'ils attendaient de moi ? Je gagnai. Contre toute probabilité, du haut de mes douze ans trois quarts, j'assurais mes deux tours par jour contre des adultes classées jusqu'à sept ou huit rangs au-dessus de moi, et je les battais. Ma stratégie tenait en trois mots : ne jamais renoncer. Compenser mon évidente infériorité physique par la technique et une endurance de Robocop, m'agrippant à chaque point comme un roquet au mollet du facteur, et remonter ainsi 1/6, 6/4, 6/2... jusqu'à la balle de match que je remportais. Je tins douze tours, passant de 30/1 à 4/6 en l'espace de quelques jours – et revins les bras chargés de foie gras, nantie d'une feuille de résultats bonne à encadrer. Ce fut un été merveilleux, l'avant-dernier de mon enfance qui devait s'achever un an plus tard d'un coup de couperet dans une chambre d'hôtel.

*
* *

C'est un jour d'août 1980 que l'Autre a tué froidement mon enfance. Je me suis longtemps raconté l'histoire comme celle d'un basculement, l'irruption d'un cauchemar dans un conte de fées, d'un film porno dans *Heidi* ou *Lassie*. La foudre s'abat ici plutôt que là-bas ; on se dit dommage pour l'arbre, hélas pour le campeur qui se trouvait dessous. La faute à pas de chance, à la fatalité. Mais aujourd'hui, après deux ans d'enquête sur ma propre vie, deux ans à écouter « les filles », à questionner mes anciens entraîneurs, deux ans à écouter ces proches et moins proches du tennis qui ont accepté de m'ouvrir la porte, je ne peux plus me leurrer davantage. Il n'y a dans mon histoire ni malchance ni fatalité. Je ne me suis trouvée ni au « mauvais endroit » ni au « mauvais moment ». Ou alors il faut s'étonner que tant d'autres s'y soient trouvées – avant, après, par ici ou là-bas. Aucun hasard dans cette histoire où tout se tient comme les mailles d'une toile d'araignée, avec dans le rôle des mouches cette longue cohorte de petites filles qui rêvent de coupes en or et de médailles d'argent, dans celui de la toile la logique cannibale du sport de compétition – et dans celui de l'araignée, tel pervers bien malin à qui il aura plu d'en profiter.

Longtemps déjà avant ce jour d'août, tout avait été mis en place, à mon insu comme à l'insu de mes parents.

Après l'interdiction du ski vint celle du skateboard. C'était au mois d'octobre qui suivit « l'été merveilleux ». L'automne s'annonçait plus merveilleux encore : dans mon pays de Saint-Tropez, sur ma colline de la Citadelle, à l'issue d'un slalom parfait, je venais d'être sacrée championne de France de skateboard. Mon entraîneur Régis assistait à l'épreuve ; armé de son sempiternel appareil photo, il m'avait mitraillée. Le lendemain matin, j'étais sommée de remiser mon skateboard au grenier. Trop dangereux. Incompatible avec le sport de haut niveau... La ritournelle avait de beaux jours devant elle. Car peu à peu, sans que ni moi ni mes parents n'y prenions vraiment garde, le tennis s'est mis à dévorer ma vie. C'est que pour accueillir le dieu Tennis et sa Sainte Victoire, pour dégager la route à la bienheureuse Progression au Classement, il fallait en couper, des branches inutiles et en exterminer, des insectes nuisibles ! Ski et skateboard étant les plus visibles, ils furent les premiers sacrifiés, sans que je songe à me rebeller. Comment en aurais-je même trouvé le temps ? À peine rentrée de mon collège du Moulin-Blanc, je me ruais sur mes devoirs pour enchaîner aussitôt sur mon heure d'entraînement à l'hôtel des Marres, après quoi je dînais puis je me couchais ; le mercredi après-midi était consacré à mes deux heures de cours collectif, et les week-ends réservés aux tournois – ou à défaut, ce qui se faisait de plus en plus rare, à une nouvelle louche d'entraînements, histoire de ne perdre ni le pied ni la main.

J'avais été choisie. Choisie par le talent, et par mon entraîneur qui ne s'y trompait pas : j'irais très loin, avait-il assuré à mes parents au cours d'une assemblée solennelle sur la terrasse de l'Amourié. Pourvu que j'y mette du mien, il était prêt à tous les sacrifices pour me faire parvenir au niveau des plus grandes – quitte, s'il le fallait, à ne pas se faire payer. Mais en contrepartie, je devais être prête à tout donner.

À treize ans, on ne se rebelle pas contre un tel honneur ; on ne peut que s'évertuer à le mériter. Le cœur léger, je renonçai à tout pour le tennis, n'oubliant qu'un petit détail : si je renonçais à tout, qu'allait-il me rester ?

# – 7 –

# PREMIÈRE FOIS

La première fois que l'Autre m'a touchée, j'avais treize ans et onze mois. À ce qu'on dit, les enfants de cet âge, aujourd'hui, en savent long sur ces questions. Pas moi. J'en savais d'autant moins que je n'étais guère curieuse de tout ça. D'autres filles rêvaient de Jean-Jacques Goldman ou de Patrick Dewaere, moi je n'avais d'yeux que pour Björn Borg, pas du tout pour ses cheveux blonds ou sa musculature, mais pour ses matchs que je décortiquais, le crayon à la main... et pour son bandana. Si j'ai le vague souvenir d'avoir échangé deux ou trois baisers avec un garçon de ma classe ou d'avoir eu un flirt d'été au camping, ils ne m'ont pas beaucoup marquée – ni les garçons, ni les baisers. En tout cas nettement moins que telle balle de match au tournoi de Sarlat ou tel service-volée à Roland-Garros.

Ce qu'il m'a fait, ce soir-là, je ne savais pas que deux êtres humains pouvaient faire des trucs comme ça.

Je venais de me brosser les dents. J'étais en pyjama dans ma chambre vieillotte au papier peint jauni. À quoi pouvais-je penser ? Au match du lendemain. À papa et maman que j'enviais un peu d'être chez leurs amis, à Saint-Nom-la-Bretèche. Au cafard d'être ici, dans cet hôtel un peu crade de la rue Poussin, choisi parce qu'il ne coûtait pas trop cher et qu'il était à deux pas de Roland-Garros. À ma copine Élisabeth qui venait de vider les lieux avec toutes ses affaires pour rejoindre la chambre de sa mère. Au match du jour que j'avais gagné, à mon entraîneur que ça devait bien emmerder, lui qui me prédisait le pire depuis juillet à cause de mon gros orteil cassé par ma faute parce que j'avais joué au foot avec des copains. À ce championnat de France que je m'étais juré de remporter quoi qu'il advienne. À ce que pense n'importe quelle fille de treize ans la veille d'un moment important. Je me suis couchée, j'ai repoussé le dessus-de-lit miteux qui me tenait trop chaud pour ne garder que le drap, j'ai éteint la lumière et quand je me suis réveillée il y avait une grosse main en train de fureter sous mon haut de pyjama.

– Ne bouge pas, a chuchoté une voix d'homme que je connaissais bien.

La main s'est arrêtée et s'est mise à peser très fort et je n'ai pas bougé pour ne pas le fâcher, puis elle est descendue tout doucement plus bas, plus bas, encore plus bas, jusque sous ma culotte de pyjama et là j'aurais voulu bouger mais il était trop tard. Ça avait pris combien de temps ? Rien, quelques secondes. Un million de fois je me suis demandé à quel moment j'aurais pu, j'aurais dû faire que ça ne se passe pas, quand est-ce que je n'avais pas fait le geste qui aurait empêché, et d'abord ce geste, qu'est-ce que c'était ? Je me suis si souvent redéroulé le film en changeant ci et ça, surtout depuis que j'ai parlé avec les autres filles, celles qui ont réussi à le repousser, avec des mots, avec des gestes, je les envie tellement. Une gifle sous la douche, un « Non mais t'as vu l'âge que j'ai ? », un « Non mais t'as vu l'âge que t'as ? », un « Si tu continues, je vais le dire à Mourad et il va te casser la gueule ! », un « Cochon fous-moi la paix ! », et c'est une vie normale à la place d'une vie foutue. Moi, je n'ai rien dit quand la main se promenait sur moi. Je n'ai pas crié quand il disait « Ne bouge pas » en soufflant comme ma chienne Tchikita. Quand il a baissé ma culotte de pyjama, j'ai juste essayé de serrer les jambes. Et quand il a mis sa tête bien au fond avec sa grosse moustache, je me suis contentée de fixer les fleurs du plafond en écoutant mon cœur faire son solo de batterie. J'avais peur à crever, j'avais envie de vomir, mais je ne lui ai pas cassé le nez, je ne lui ai pas crevé les yeux, je ne lui ai pas brisé la lampe de chevet sur la tête. Je n'ai même pas crié, je n'ai même pas dit non. Je me suis gentiment laissé gober toute crue comme une bonne petite grenouille par une couleuvre. Pourquoi ? Parce qu'il était trop fort, je sens encore cette main qui pèse sur ma cuisse de môme, parce que je dormais encore à moitié, parce que ce qu'il faisait était tellement dégoûtant et fou que ça ne pouvait pas être réel, c'était sûrement un cauchemar.

Il ne m'a pas « violée », pas ce soir-là, pas pendant ce tournoi, il ne m'a pas fait mal. Le lendemain j'ai pu courir tranquille sur le court de Roland-Garros, et le surlendemain aussi. Tous les soirs il m'a tripotée. Tous les jours j'ai joué, tous les jours j'ai gagné, tous les jours j'ai embrassé mes parents qui n'en pouvaient plus de fierté. Et j'ai fini championne de France de troisième série, comme je m'en étais fait le serment.

*
* *

J'ai retrouvé il n'y a pas longtemps mon carnet de matchs, ce petit cahier cartonné aux allures de journal intime où, à partir de 1979, j'ai consigné tous les matchs de ma carrière. La maniaque de l'ordre que je n'ai jamais cessé d'être y inscrivait avec soin les lieux, les dates, les adversaires, le détail des résultats, avec de beaux titres en couleur, des majuscules tarabiscotées. Pas de commentaire personnel, aucun épanchement : juste des faits, victoires ou défaites, et des conclusions lapidaires : « Je suis championne de France », « Je suis éliminée en demi-finale ». Le tournoi qui eut lieu du 1er au 7 août 1980 à Roland-Garros ne fait pas exception à la règle. Il se conclut comme de juste par ma victoire en finale sur Emmanuelle Folcher. J'ai beau chercher entre ces lignes écrites à l'encre d'une main appliquée, entre ces volutes de feutre orange ou rose, rien ne dépasse. Aucun signe, aucun tremblement, rien qui trahisse l'envers du décor, ce basculement dans un monde parallèle où une grosse main et une langue d'homme se mettent à imposer leur loi à un corps d'enfant. Ces quelques pages sont aussi lisses et indécryptables que je le fus moi-même pendant les neuf années où j'ai subi cela. Il faut toute ma mémoire d'adulte pour retracer, derrière ces titres secs, les événements indicibles dont Lui et moi étions seuls à connaître l'existence.

Septembre 1980. Je lis dans mon petit carnet – j'ai dû le remplir le soir même de mon retour à Saint-Tropez, à une heure sans doute avancée.

TOURNOI DE CARPENTRAS

gagné : Terrasse Chantal. 15. 6/2 6/1. Le 29/9/80

perdu : De Roubin. 0. 6/4, 6/1. Le 29/9/80

Rien sur la brûlure lancinante dans mon entrejambe tandis que je bondissais au filet. Rien sur la terreur que ma jupe claire ne soit tachée de sang. Rien sur l'image du gros sexe d'homme qu'il m'avait fallu contempler la veille pour la première fois – « Regarde, regarde-le bien, tu le vois, il est pour toi » –, rien sur la douleur de ce truc énorme en moi, rien sur ses « Chut », ses « Ne crie pas », rien sur ses yeux tout rouges et ce sourire de fou quand il a tout lâché. J'avais quatorze ans depuis onze jours, et il venait de transformer l'essai. Personne n'en a rien su ni vu.

Je me suis même payé le luxe, le lendemain matin, de battre Chantal Terrasse.

*

* *

Depuis deux ans que je mène mon enquête, je bute sur le même mystère : comment un tel secret a-t-il pu rester si bien et si longtemps gardé ? Tout, dans cette affaire, défie le bon sens. Pourquoi n'ai-je rien dit, pourquoi ai-je subi ? C'est mon mystère, c'est aussi celui de Clotilde, de Marie, de Tatiana et tant d'autres. Il a fallu neuf ans avant que j'arrive à trouver en moi le courage de parler et la force de partir. Clotilde l'a subi entre dix et quinze ans sans jamais en souffler mot à qui que ce soit – jusqu'aux dix ans de sa petite fille. Dans sa chambrette du Refuge, Tatiana y est passée tous les soirs, sous les yeux impuissants de sa copine d'alors. Contrairement à nous, elle a osé parler. On lui a dit : « Débrouille-toi toute seule, on ne peut rien pour toi. » Il est vrai qu'elle était plus grande, elle avait seize ans... Elle n'est pas partie.

Pourquoi ne nous sommes-nous pas rebellées ? Et vous, nos pères et mères, nos frères et nos sœurs, nos amis proches. Pourquoi personne n'a-t-il agi ? Et vous qui, du jour au lendemain, avez retiré votre fille du club – vous êtes nombreux à l'avoir fait, je me souviens qu'on en parlait et qu'on s'interrogeait – vous qui avez donc su ce qui se passait là-bas, pourquoi n'avoir jamais donné l'alerte ? Et vous autres, encore plus nombreux, qui n'avez rien vu ni deviné, papa, maman, Françoise ma sœur, Olivier et Hervé mes frères, et mon amie Édith, tant de familles aveugles, celles de Clotilde et Marie, celle de Florence... Comment n'avez-vous pas senti que quelque chose d'anormal se passait ? Quand nous pleurions dans notre chambre sans vouloir dire pourquoi, quand nos regards fuyaient les vôtres, pourquoi ne vous êtes-vous jamais inquiétés ?

*
* *

– Toi ? ! Alors là, s'il y a quelqu'un dont j'aurais jamais cru...

Maïté n'en revient pas. Au bout du fil, elle est tombée des nues, comme tant d'autres, quand je lui ai tout dit. C'est qu'à chaque fille que je contacte, bien sûr, je commence par parler de moi. Puisqu'il s'agit de briser le silence, à moi d'ouvrir la voie, après m'être tue si longtemps. Dans le restaurant où nous nous retrouvons quelques mois plus tard, les souvenirs fusent. « Toi, avec ton sale caractère ? Toujours en pétard contre la Fédé, ou à chambrer Régis quand il arrivait sur le court avec la braguette pas fermée ? Non, alors ça... » Maïté est de celles qui s'en sont plutôt bien tirées. Bien sûr, il y a cette fameuse nuit qu'elle a passée à sangloter dans l'appartement de Catherine, après deux heures de tête-à-tête sans témoin avec l'Autre. Mais si Catherine a mémorisé chaque détail de la soirée, Maïté a tout oublié, ses souvenirs des Marres, dit-elle, sont tout embrouillés : j'étais si jeune, tu penses, quatorze ans... Mon histoire la laisse éberluée. Moi, la rebelle ? Moi, que rien ni personne n'arrivait à faire plier ? Moi que Régis ne cessait de citer en exemple pour ma pugnacité, je me suis laissé faire pendant tout ce temps-là ? Je lis dans ses yeux un cocktail de compassion et de désarroi, et en même temps le ton sonne faux pendant tout le dîner. « Rien ne s'est jamais passé, a-t-elle lancé en préambule en attaquant son verre de muscat, avec moi il n'a jamais essayé. » Arrivée au dessert ce « rien » tend plutôt vers le « presque rien », elle est tout empêtrée de ce gros souvenir malodorant que j'ai déterré sous son nez, vite un trou où le balancer et le renterrer vite fait. Je la comprends si bien, contrairement à moi elle n'a rien à gagner à remuer tout ça, les Marres n'auront été qu'un accroc dans sa vie. Nous nous quittons en nous embrassant avec effusion, elle retourne à son mari, à son joli duplex et à ses cours de gym dans les pins, je suis du regard sa tresse blonde qui danse gaiement dans son dos tandis qu'elle s'éloigne en courant. Nous nous sommes promis de nous revoir bientôt. Déjà, je ne suis plus qu'attente du prochain rendez-vous, celui qui peut-être va me donner la clé, me dire pourquoi tout ça a existé.

J'espère tellement apprendre un jour de la bouche d'une autre la vérité de ma première fois, mais les victimes ont peur, les victimes se taisent, elles ont été jusqu'au bout de leurs forces en disant « moi aussi », elles se retranchent désormais derrière leur répondeur, serrant contre elles leur présent reconstruit, leurs enfants, leur mari. Seules les sœurs, les cousines, les meilleures amies d'antan acceptent parfois de me recevoir – aujourd'hui c'est Rachel, dans le grand hôtel vide de l'arrière-pays qu'elle tient avec son compagnon. C'est novembre, il fait froid et humide dans ce renfoncement entre deux collines orienté plein nord, la piscine est bâchée, nous buvons une tasse de thé. Pour elle aussi je suis la dernière personne dont elle aurait cru... avec mon caractère de hérisson grognon, toujours les épines en avant à rouspéter et fulminer dès que les choses n'étaient pas pile poil comme elles auraient dû. Et puis j'étais si jeune ! J'étais leur petit bout, leur mascotte aux jambes d'allumette, comment penser qu'il croquait aussi des bébés ? Son amie Marie, elle, avait presque quinze ans quand il l'a obligée. Rachel est de celles qui l'ont giflé, et puis elle avait son grand frère à qui il valait mieux ne pas trop se frotter, l'Autre n'a pas fait le malin, il n'a pas insisté. Elle s'étonne tout de même : ça a duré neuf ans ?

Ma sœur n'en revient pas non plus, enfin à sa façon toujours si nonchalante. Nous nous sommes donné rendez-vous place des Lices, elle remue son café en prenant tout son temps, répond d'un sourire aimable et lointain à l'hommage balbutiant du patron du bistro qui l'aime depuis trente ans – ma sœur est si belle et s'en fout tellement que les compliments des hommes la font bâiller. Tout de même, me dit-elle, j'ai du mal à comprendre, avec tous ces garçons qui défilaient à la maison, mes copains et ceux de nos frères, avec toutes ces soirées, les virées sur la plage, les sorties en moto, tu n'es pas née de la dernière pluie ! S'il y en a une qui aurait dû être à l'abri, c'était bien toi. Tu as assez collé les grands pour les suivre partout, non ? Ça ne t'a pas armée ? Elle sourit gentiment en remontant d'un geste délicat le col de son blouson, c'est une conversation entre sœurs – mais moi je me sens agressée, je me mets à trembler.

Elles font mal, toutes ces questions de bon sens qui ne cherchent pourtant qu'à comprendre, elles me jettent à la figure ce que je n'ai jamais cessé de penser : *c'est ma faute*. Parce que oui, c'est vrai, j'avais tout ce qu'il fallait pour résister, l'exemple de mes frères et sœur aînés, mon foutu caractère, et pourtant je n'ai pas bougé de mon dessus-de-lit mité quand il est parti en exploration avec ses grosses pattes et sa langue, ni le premier soir, ni non plus le deuxième, et pas plus le troisième. Et quand, un mois plus tard, il m'a obligée à bien regarder son truc avant de me l'enfoncer, j'ai obéi comme une petite fille bien sage. Il me disait : « C'est entre nous, tu ne dois rien dire du tout, je suis là pour t'apprendre ça, n'aie pas peur et surtout ne crie pas », et j'ai obéi, moi qui n'en ai jamais fait qu'à ma tête, moi l'emmerdeuse, le petit pot de glu accroché à la moto du grand frère, la capricieuse prête à se brûler les cornées plutôt que de renoncer au plaisir d'une journée de ski. Et puis pendant neuf ans, j'ai enduré cette haleine de dent cariée, ces mains aux ongles en deuil, ces sous-vêtements douteux qui puaient la sueur et le rance, prête à tous les dégoûts. Pourquoi ?

*Août 1980.*

*Bandana rose sur mes cheveux blonds coupés au carré, dans ma tenue Lacoste rose pâle en coton frais immaculé, je prends place, seule, sur mon royaume ocre de terre battue aux lignes blanches si pures et si nettes. Au-dessus de ce court mythique où Björn Borg triomphait encore il y a deux mois, le ciel d'août brille comme un sou neuf. Assis sur les gradins, papa et maman, rayonnants, me font un joyeux signe de la main.*

*Rien d'autre n'existe que cette perfection.*

# – 8 –

# TRIO

Aujourd'hui et depuis des années, Nath et moi ne nous parlons plus. Quand il nous arrive de nous croiser sur un tournoi, Roland-Garros ou Open Gaz de France, chacune y va d'un léger hochement de tête et grimace un quart de sourire crispé avant de détourner le regard. Nous ne nous sommes jamais fâchées. Mais du jour au lendemain, huit ans de rêves, de galères, de voyages, de victoires, de défaites et de fous rires ont été effacés par ma décision de quitter le club où nous nous étions fabriquées ensemble.

Lorsque Nath est arrivée aux Marres en 1981, j'avais quatorze ans et elle treize, j'étais 0 et elle 15/3. C'était un an après ma « première fois ». Nous ne l'imaginions pas, mais cette rencontre marquait l'avènement d'un trio qui deviendrait fameux, le trio Nath-Isa-Camaret, alias « le Sorcier et les Tropéziennes ». Hormis notre âge et notre commune addiction au tennis, Nath et moi n'avions pourtant pas grand-chose en commun. J'étais blonde, elle rousse, j'étais longue, elle potelée, j'étais une soupe au lait, elle redoutait les vagues, je rêvais de sensations fortes, elle n'aimait que cocooner. Mais nous partagions l'essentiel, cette volonté de nous hisser au plus haut niveau grâce à notre raquette.

Pour preuve de sa motivation, Nath, que la FFT[1] avait boudée pour « insuffisance de résultats », avait exigé à treize ans à peine de quitter ses parents pour vivre au Refuge chez Régis de Camaret. Parce que ce dernier, devait-elle ensuite expliquer, enseignait le tennis « comme nul autre au monde ». Cette intuition d'enfant devait être la bonne puisque Régis a hissé Nath jusqu'au troisième rang mondial et qu'ils ne se sont plus jamais quittés, au point de fonder ensemble un centre d'entraînement.

Reste qu'à l'arrivée de Nath parmi nous, sa volonté l'emportait encore de beaucoup sur son tennis. Comme toutes les autres à commencer par moi, elle eut aussitôt droit à sa ration de sarcasmes quotidiens servie par notre coach. À chacune son registre : j'étais la rebelle à mater, elle, la fonctionnaire à réveiller ; je me prenais les pieds dans mes initiatives, elle en manquait ; j'attaquais trop, elle

1. Fédération française de tennis.

répugnait à monter au filet. Mais Régis ne s'y était pas trompé : malgré tant de défauts et tant de différences, nous étions faites de la même pâte, celle des obsédées dont on fait des championnes, celle des monomaniaques prêtes à tout pour y arriver.

Notre trio n'était pas franchement orthodoxe. En marge de la FFT, Régis s'était improvisé entraîneur sur le tard. A priori, un bac technique ne prédispose pas au coaching sportif, non plus qu'une carrière dans le dessin de torpilles pour les sous-marins. La création d'une entreprise spécialisée dans le nettoyage et l'entretien de villas, pas davantage. Voilà pourtant le CV authentique de celui qui a fait de Nath et moi la n° 1 et la n° 2 françaises. Le tennis, il l'avait pratiqué en dilettante, pour le plaisir, sans jamais dépasser un petit 15/1. Et c'est sans l'ombre d'un diplôme qu'il s'était mis à l'enseigner dans les années soixante-dix. On imagine l'incrédulité furieuse de la FFT en voyant cet illustre inconnu sorti d'on ne sait où mettre sur le circuit les deux meilleures joueuses de France, qu'il se targuait en prime d'avoir à lui seul créées de toutes pièces. Avec mes débuts tardifs dans le tennis – onze ans, un âge carrément inconvenant pour prétendre à la compétition de haut niveau –, je détonnais à peine moins dans le paysage tennistique. Quant à Nath, voir la recalée du « sport-études tennis » éliminer l'une après l'autre les futures championnes officielles du CNE[1] avait de quoi faire enrager même les plus pacifiques de la Fédé.

Petits David autodidactes narguant le gros Goliath de la Fédération, nous gênions autant que nous intriguions. Rien de tel pour souder une équipe.

Pendant huit ans, Nath et moi avons été sœurs par la grâce du tennis. D'emblée, ma famille l'a adoptée, lui ouvrant la maison le week-end, préparant ses voyages et ses inscriptions en même temps que les miens. Difficile de trouver une photo de l'une sans que l'autre y figure dans une posture identique – Nath et moi à la table familiale devant un gâteau où scintillent des bougies, Nath et moi pédalant côte à côte en short sur la route des Plages, dos à dos sur le ponton de bois du *Wind Spirit*, assises en tailleur sur le sable de Pampelonne, le nez rose de soleil et moitié pelé... Bien souvent y figure le troisième larron de la bande, fièrement campé entre nous et souriant de toute sa moustache à celui ou celle qui tient l'appareil. Le cœur du trio, c'était lui : sans lui, sans notre dévotion totale à son art d'enseignant, sans notre humiliation de le voir toujours si déçu par l'insuffisance de nos performances, sans l'émulation qui

1. Centre national d'entraînement.

nous jetait chaque jour sur les courts sous son œil auquel rien n'échappait, Nath et moi ne nous serions même jamais parlé. Grâce à Régis, nous qui étions si dissemblables avons tout partagé.

– ... Tu peux y aller, il t'attend.

Les mots étaient toujours les mêmes, prononcés par Nath ou par moi, ça dépendait, parfois aussi par une autre joueuse qui nous accompagnait. Ils annonçaient le rituel immuable par lequel s'achevait toute journée de tournoi national ou international : le bilan de match. La façon dont s'ouvrait la porte de la chambre et la mine de celle qui entrait dispensait de poser des questions. Porte claquée et regard noir, il avait été plus qu'infect : injuste. Œil rouge essuyé d'un revers de main, il n'avait été que sévère et méchant. Seule celle qui avait gagné son match refermerait la porte normalement et prononcerait ces mots d'un ton léger : « Tu peux y aller, il t'attend. »

« Il », c'était Régis, assis dans la chambre à côté, avec son bloc ouvert devant lui. Dans ce bloc, il avait tout noté : pendant les deux, trois, quatre demi-heures qu'avaient duré nos matchs respectifs, aucun de nos gestes ne lui avait échappé. Sur un court de tennis, Régis n'était qu'un œil pour nous radiographier, un crayon pour tout consigner – plus un doigt pour téléguider nos coups à l'insu des organisateurs du tournoi. Le soir, notre match était sur ses genoux, analysé, scénarisé, disséqué, avec nos erreurs soulignées en rouge, prêtes à nous exploser au visage comme des bombes à retardement. Surtout si, comme c'était souvent mon cas, on s'était permis d'ignorer le Doigt qui nous hurlait en silence pendant tout le match : « Reste au fond ! », « Lifte ! », « Fais des ronds ! »

On cognait à la porte, on s'asseyait face à lui et c'était parti. Les fautes directes, « Mauvais jugement de la balle ! Qu'est-ce que t'as dans le ciboulot ? » ; le déplacement, « Nul, nul, nul, t'as pas assez avancé sur les balles courtes, t'avais une olive dans le cul... » ; l'attaque, « T'as vu tes volées, dans la raquette de l'adversaire ou dans les grillages, tout ça parce que mademoiselle la feignasse veut boucler son match avant de l'avoir commencé ! » ; la conclusion, « T'en fous pas une rame, parti comme c'est, demain, tu vas te faire ratatiner par Grousbek à tous les coups et tu l'auras bien mérité... » La messe durait une bonne heure ; on en ressortait le moral dans les chaussettes, mais la tête farcie d'objectifs précis pour le match du lendemain, ou du surlendemain.

« Alors ? » Le réconfort, c'était ensuite de rentrer dans la chambre et de retrouver Nath qui elle aussi avait eu son avoinée ou s'apprêtait à la prendre à son tour. Par un accord tacite, nous ne nous disions rien de ce qui s'était passé dans la chambre à côté : un haussement d'épaules ou une interjection – « Bof », « Fait chier ! » – suffisaient à tout exprimer. Les écouteurs de nos Walkman vissés sur les oreilles, on se calmait avec du Supertramp ou du Michel Berger tout en écrivant aux parents, chacune sur son petit lit. Puis le trio sortait dîner, McDo ou omelette-salade pour ne pas écorner le budget, et le match à venir que nous disséquions à l'avance donnait à la promenade des Anglais et au boulevard Exelmans, à Madison Avenue et au Kurfürstendamm une couleur semblable, tant il monopolisait nos pensées et nos conversations.

Pendant plusieurs années, l'histoire de notre trio fut une improbable *success story* que nous improvisions. Avant de m'accompagner à l'Orange Bowl en 1983, Régis ignorait tout du circuit international et il ne parlait pas un mot d'anglais. Armée des quelques phrases que j'avais apprises au collège, je me trouvai de facto intronisée interprète et chargée de communication, spécialisée dans les horaires des transports en commun et les tarifs hôteliers. Je baragouinais tant bien que mal ; il suivait. Passé la porte de la chambre d'hôtel, les rôles s'inversaient : à lui la lessive dans la baignoire, Nath et moi étions dispensées de ces corvées. Et s'il nous arrivait, comme ce fut souvent le cas, de devoir partager – économies obligent... – la même chambre, c'était lui qui couchait par terre. Nath et moi dormions dans un lit. Dèche et débrouille, autant dire que les drôles de mœurs de notre trio tennistique n'avaient pas grand-chose en commun avec le mode de vie si parfaitement normé des filles de la Fédération française : avions et hôtels de standing payés et réservés, repas équilibrés trois fois par jour dans de vrais restaurants. Elles étaient libérées de tout souci quotidien, on ne leur demandait que de soigner leur forme, et de s'entraîner. Nous en concevions, Nath et moi, un mélange de rancœur – pourquoi devions-nous tant ramer quand, pour les autres, tout était si simple ? – et de fierté. L'orgueil de se sentir si singulières, et de damer le pion malgré tout aux fleurons de l'institution. *Malgré tout...* ou *pour cette raison.* Car ces menus désagréments n'étaient en fait que le prix à payer pour cette chance inouïe qui nous était donnée d'être prises en main par Régis de Camaret. Les filles de la Fédé, ces malheureuses, devaient régulièrement changer d'entraîneur... À trois dans la même chambre et gavées de McDo, quelques dollars en poche, contrairement aux apparences, c'étaient nous les privilégiées !

Et si l'on en doutait, il suffisait de nous regarder, Nath et moi, jouer en double sur un court pour que les doutes disparaissent en fumée.

Est-ce la nostalgie du handball, ce sport d'équipe que j'aimais tant lorsque j'étais enfant ? Alors que le tennis passe pour l'archétype du sport individuel, je ne connais pas de plus grand bonheur que de disputer un match en double. Bien souvent, en solo, il me semble étouffer dans le confinement de ces lignes trop proches que je rêve de repousser pour frapper tout mon saoul. En double, rien de tel : cette petite moitié de terrain dont je dois me contenter me rend soudain modeste, et le but sacré de servir mon ou ma partenaire au mieux oriente tout mon jeu qui y gagne de l'assurance. Bien des joueuses passent leur carrière esseulées, « cherchant partenaire, désespérément ». Nées du même moule « Camaret » et éduquées ensemble, Nath et moi avons fait équipe dès l'âge de treize ans pour elle et quatorze ans pour moi. Jouer ensemble sur la même moitié du court nous était aussi naturel qu'à des jumelles de partager le même berceau. Arborant les mêmes tenues Lacoste aux couleurs pastel qui nous faisaient ressembler à deux petites filles modèles, nous n'avons pas tardé à faire sensation sur le circuit. Surtout lorsque les petites « Frenchies », comme on nous appelait, se sont mises à battre régulièrement les plus grandes pointures, d'abord nationales puis mondiales... Parmi des centaines de souvenirs heureux, celui que je choisirais si je ne devais en garder qu'un serait notre victoire au tournoi de Berlin en 1988 contre une paire mythique : Elena Sukova-Claudia Kohde-Kilsch, la meilleure équipe du monde. Nath et moi, un mètre soixante-six de moyenne, contre ces géantes nordiques d'un mètre quatre-vingt-huit : plus que jamais nous étions David affrontant Goliath, et le public adorait ça. Il aimait d'autant plus que la finale de simple « dames » qui venait de s'achever l'avait laissé cruellement sur sa faim : à sa façon expéditive très « Blitzkrieg », Steffi Graf avait pulvérisé son adversaire en trente minutes chrono, ce qui fait un peu court pour qui goûte le beau spectacle pimenté de suspense.

Nath et moi nous étions promis de leur en donner pour leur argent, et nous avons tenu parole : ils ont eu droit à trois heures de show. Il faut dire que depuis le temps – huit ans ! – nous étions bien rodées... Elle à gauche, moi à droite, je préparais pour elle les coups les plus fous et elle concluait avec ses gestes calmes et sa précision coutumière. Moi l'agitée, la risque-tout, elle la posée méthodique ; je la secouais, elle me tempérait ; nous gagnions. Ce jour-là, nous avions beau affronter, entre autres, une Allemande au tournoi de Berlin, lorsque enfin nous avons gagné la balle de match, l'ovation qu'a faite le public aux petites Françaises n'avait rien d'affecté.

Tandis que nous levions nos raquettes en riant et que nous nous étreignions, fières de notre exploit, comme nous l'avions déjà fait tant de fois, avais-je le pressentiment que le ver était dans le fruit, et que cette « grande amitié » célébrée par la presse ne serait bientôt plus qu'un souvenir ? Je ne sais pas. Mais a posteriori, cette complicité qui nous a tenues soudées comme deux sœurs siamoises pendant exactement huit ans s'offre à mon souvenir nimbée de mystères et de zones d'ombre que je doute de pouvoir jamais lever.

Car si incroyable que cela puisse sembler, tout le temps qu'a duré notre proximité, jamais Nath et moi n'avons effleuré le sujet de l'Autre, ne serait-ce qu'une fois. Nous avons eu beau vivre en jumelles toute notre adolescence et au-delà, passant huit heures par jour côte à côte sur les courts des Marres en période d'entraînement, et vingt-quatre heures collées lorsque nous partions en tournoi, nulle allusion à l'Autre n'a jamais filtré entre nous. Parfois, pourtant, il m'est arrivé de me demander si elle aussi, peut-être... J'aurais aimé surprendre un jour quelque geste équivoque. Avec la certitude, que dis-je, le simple soupçon de n'être pas seule, j'aurais eu le courage de me libérer et de parler. Mais l'absence de tout indice m'a vite sorti cette idée de la tête. J'étais seule pour de bon, irrémédiablement seule, damnée pour une raison qui m'échappait et que je ne cherchais pas à démêler. J'avais vite compris que penser à « ça » faisait beaucoup plus mal que de l'effacer de mes pensées. J'effaçais donc, ou du moins j'essayais, avec un succès mitigé. Lorsque j'y repense aujourd'hui, je suis une énigme à mes propres yeux. Comment ai-je pu si souvent me coucher près de

Nath, dans ces chambres d'hôtel que nous partagions, sans jamais céder à la tentation de me libérer du secret qui m'écrasait ? Non seulement je n'y ai pas cédé : cette tentation, je ne l'éprouvais pas. Et lorsqu'il m'arrivait, encore humide et imprégnée de l'aigre odeur de l'Autre, de me retrouver face à Nath, je me contentais d'éviter ses yeux et de répondre par monosyllabes. Comme avec mes parents ou n'importe qui de mon entourage. Nath et Régis n'appartenaient tout simplement pas au même univers que l'Autre, cette bête muette qui me montrait son sexe et me pénétrait sans jamais prononcer d'autre mot que *« Regarde »* et *« C'est bon »*.

Au prix de cette schizophrénie, le trio a pu très longtemps fonctionner.

# – 9 –

# CULPABILITÉ

« Vous, les filles, qu'est-ce que vous nous avez fait rêver ! Comment on aurait pu imaginer ? » Je hausse les épaules sans répondre en regardant la pluie froide de novembre mitrailler le trottoir et la chaussée. Ça s'est mis à tomber juste après que j'ai garé ma voiture sur le parking du port, une sacrée radée comme on en a le secret par ici. J'ai d'abord voulu courir jusque chez moi, et puis en passant devant le magasin de Philippe, je l'ai aperçu tout seul derrière sa vitrine. Je ne sais pas pourquoi, j'ai eu envie d'entrer. « Vous étiez belles, et puis vous jouiez tellement bien... » poursuit-il en tripotant machinalement une raquette. « Et puis merde ! » Il la repose d'un geste brusque sur l'étagère où il l'avait prise.

Ce magasin, je le connais depuis bientôt trente ans. C'est ici, chez Smash, à deux pas du musée de l'Annonciade, qu'on venait corder nos raquettes.

À l'époque, Philippe était un jeune gars de vingt ans qui avait pris un énorme risque en achetant cet espace pour y monter un magasin de sport. Il y en avait déjà trois autres à Saint-Tropez, la concurrence promettait d'être rude. Mais il adorait le tennis, et il avait eu la bonne idée de se spécialiser là-dedans. Du coup, il faisait dans le haut de gamme et le pro, une aubaine pour nous. Sa machine à corder, notamment, était à la pointe de la technique. Après tout ce temps, il se souvient encore des tensions : « 24 pour Nath, 25 pour toi... » Au début, c'était Régis qui passait déposer les raquettes de tout le monde le soir, après l'entraînement. Mais quand on a grandi, on s'est mises à y aller nous-mêmes, et pour nous qui n'avions le droit de rien faire du tout, c'était vite devenu « la » sortie de la journée, la seule autorisée. Mon ami Popoff, le beau marchand de glaces à l'italienne avec son grand chapeau, avait sa baraque tout près de là, sur le port. Le rituel s'est vite installé : un cornet vanille-banane-framboise, et une séance de tchatche chez Philippe.

Comme tant d'autres, Philippe n'a su la vérité que tout récemment, il y a un an, quand j'ai décidé de lever le voile sur l'affaire pour mener mon enquête. Il en aurait presque chialé. Comme tout le monde, ou presque. De ne rien avoir vu, bien sûr, mais pas seulement. De se dire, surtout, que pendant que *ça* se passait, tout le monde, au village, était grisé par la fierté, persuadé de vivre une période bénie. Chez nous, à Saint-Tropez, le rêve est toujours venu d'ailleurs, dans les valises de célébrités qui débarquaient en klaxonnant de leur Jaguar ou leur Aston Martin pour couler un été de yacht, de champagne et de fêtes. Françoise Sagan, Johnny, Eddie Barclay ou Thierry Le Luron... Aucun d'eux ne venait d'ici. Seule Brigitte Bardot est devenue tropézienne à l'année – et encore, pour se cacher au fond de la baie des Canoubiers. Et voilà que deux filles du cru, entraînées par un inconnu même pas diplômé, se hissaient à la force du poignet au sommet du tennis français ! Et voilà qu'à Roland-Garros, Wimbledon, Key Biscayne, elles faisaient flotter les couleurs de Saint-Tropez... C'était à n'y pas croire. C'était magique et fou.

Il y avait, bien sûr, les gros titres des journaux : « Les effrontées de Saint-Tropez », « Saint-Tropez, pépinière de champions », « Tennis : les meilleures Françaises aux Marres », « L'élite française à Saint-Tropez »... Il y avait ces clichés en couleur de notre petite bande, tout sourire et tout charme, avec Philippe Lavil ou Enrico Macias à la terrasse ensoleillée de Sénéquier – « La fête tropézienne... » – ou entassée, hilare, dans le cockpit en teck d'un gros voilier à quai – « Les Tropéziennes à la barre ». Nous étions, Nath et moi, les deux stars du groupe. Mais pas à la façon des autres, les Eddie, les Johnny, tous ces inaccessibles reclus dans leurs paradis protégés, que les touristes guettaient en vain à la jumelle depuis le pont des « promène-couillons ». Nous, tout le monde nous avait vues pousser comme des herbes folles, nous empiffrer de chichis, revenir de l'école avec un gros cartable sur le dos, même si Nath la Toulonnaise n'était arrivée qu'en 1981. Nous étions les petites, les mascottes du village, et notre gloire naissante appartenait un peu à chacun. Car chacun pouvait se vanter de nous avoir encouragées, ne fût-ce qu'en venant nous voir taper dans la balle, le week-end, au tennis-club des Marres...

Certains, comme Toto Saraquine, n'avaient qu'un peu de rêve à y gagner, mais ils ne savaient qu'inventer pour nous en remercier. Je le revois, Toto, s'approchant du court les mains dans le dos, l'air de rien, pendant la leçon de service. Une courte pause ou un moment d'inattention, et il se faufilait jusqu'aux boîtes de balles qui nous servaient de cibles, pour les remplacer par des nougats géants de chez Sénéquier. « C'était pourtant une époque formidable ! » soupire Philippe qui, comme beaucoup d'autres, a su surfer sur la vague de nos succès. Ce n'est pas une mince référence que d'être le fournisseur attitré du club où s'entraînent les petites championnes prodiges : « Smash » n'avait pas tardé à attirer la clientèle des stars. Philippe, que son cœur gros comme ça et sa truculence toute marseillaise n'ont jamais empêché d'adorer les paillettes, en profitait pour se faire photographier avec ses célèbres clients, comme en témoigne encore le pêle-mêle exposé dans son magasin.

Très vite, notre aventure était aussi devenue celle de tout un village : joailliers, pâtissiers, pépiniéristes et cavistes se bousculaient au bord des courts, heureux de doter les tournois qui de sa plus belle montre, qui de son plus beau sac de sport, tel autre de faire couler son champagne à flots ou d'ensevelir les joueuses sous des massifs de roses et de mimosas. Le petit commerçant artisan se retrouvait ainsi à tutoyer à travers nous les Lacoste, les Kennex et autres Lamborghini qui nous sponsorisaient. Le président des Marres n'y était pas pour rien, il avait vite compris comment à la fois nous aider et promouvoir son club. Malgré son travail à plein temps d'huissier, il s'employait avec la dernière énergie à nous dénicher des sponsors, si possible prestigieux, et à rassembler les bonnes volontés pour créer de vrais événements autour de nos tournois.

Nath et moi assistions à tout ça, mi-flattées – je n'étais pas peu fière d'arborer le badge de Lamborghini, ou d'accrocher à mon poignet la Rolex offerte par Julian – mi-dépassées. Devenir une championne, c'est un peu cesser de s'appartenir. Petites filles encore, nous avions soudain changé de statut : ce n'étaient plus les grands qui nous faisaient rêver, mais nous qui portions sur nos épaules les rêves des grands. D'abord ceux de nos familles, puis ceux de notre village, de notre région, et enfin ceux de ces « fans » inconnus qui n'ont pas tardé à se ruer sur nous, stylo et papier à la main, pour nous faire signer un autographe ou nous offrir une peluche.

Petite dernière d'une grande fratrie, je n'avais pas été habituée à ça. Aussi loin qu'il m'en souvienne, j'avais été le moustique importun qui, pour prouver son existence, n'a d'autre choix que d'agiter très fort les ailes ou de piquer. Mes caprices bruyants sont restés légendaires, et l'opinion générale sur mes premières années se résume en peu de mots : « Qu'est-ce que tu étais chiante ! »

J'étais surtout morte d'admiration pour le clan Demongeot qui m'apparaissait paré de toutes les beautés et de tous les talents. En quoi je n'avais pas tout à fait tort : ils étaient beaux, mes frères et ma sœur, et leur trio était mythique dans tout Saint-Tropez. Si grands d'abord, avec ces yeux de chat, ces crinières un peu sauvages, Hervé le blond doré aux allures de prince viking, Olivier le brun aux yeux verts, Françoise avec ses jambes qui n'en finissaient pas et cette profusion de cheveux miel qui lui dévalait jusqu'au bas des reins. Ils n'étaient pas seulement beaux, ils savaient créer la beauté. Hervé le rêveur fou la faisait jaillir des arbres et des pierres, de la mine de son crayon capable d'improviser n'importe où un paysage, un jardin et une maison, réinventant l'espace en quelques traits fiévreux qui me laissaient béate. J'aimais marcher avec lui sur la plage, voir son œil aux aguets repérer ici un caillou, ici un bout de bois, devinant l'objet qui naîtrait de leur mariage avant même de les avoir assemblés – comment Isa, tu ne vois pas ce canard ? J'aimais la grâce élégante de ma sœur, j'aimais la sûreté de son goût, j'aimais voir les mains longues et brunes de mon frère Olivier danser dans l'atelier aux abat-jour lorsqu'il aidait papa. J'aimais aussi, chez tous les trois, cet air d'indifférence aimable de ceux qui se suffisent à eux-mêmes, qui n'ont en tout cas pas besoin des effusions bruyantes d'une petite sœur à l'amour encombrant pour se sentir exister. À la grande tablée dominicale sous l'ombre du platane, leurs amours défilaient, moi je trônais en bout de table avec papa, compensant mon manque d'importance par mille simagrées et gesticulations que personne ne remarquait.

Pendant onze années de ma vie, je n'ai rêvé que de leur ressembler, que d'être à leur hauteur. Chacun à sa façon, ils étaient un accomplissement parfait de ce qui, chez nos parents, nous a toujours rendus si fiers : le goût, l'instinct des belles choses, l'art de s'en entourer et de les fabriquer.

Autant dire que mon entrée en Tennis fut, pour eux comme pour moi, une révolution.

*
* *

– Alors donc, j'ai pris un aller en classe tourisme pour quatre personnes, le 12 décembre... Vous changerez à New York, mais ça permet d'économiser l'équivalent du prix d'une place. Deux heures de battement, ce n'est pas le bout du monde. Ça vous va, Régis ?

Régis hoche la tête en faisant distraitement tourner entre ses doigts son verre de jus d'orange, il s'en fout un peu de tous ces détails, mais il est bien conscient d'avoir une sacrée chance que papa le décharge de tous ces trucs pratiques auxquels il n'entend rien du tout.

– Parfait, parfait, Gérard...

Nous sommes dans le salon de l'Amourié, papa, Régis et moi. Peut-être en 1983, ou en 1984, ou 1985. C'est tout comme. Une année chasse l'autre et tourne le circuit ! Palm Springs, Boca Raton, Key Biscayne, Barcelone, Rome, Berlin, Strasbourg, Roland-Garros, Birmingham... jusqu'aux Masters de New York en novembre, et puis on recommence, encore et encore. Régis m'a raccompagnée des Marres en voiture après ma journée d'entraînement, comme presque toujours l'hiver quand il fait nuit – aux beaux jours, je fais l'aller-retour à vélo. Claude, ma mère, fourgonne à la cuisine. À en juger par l'odeur d'ail, je parierais pour un gratin dauphinois.

– Arrivée à l'aéroport de Miami le 13 décembre à 7 h 36 heure locale... Le tournoi commence le 15, vous aurez le temps de récupérer et de prendre possession des lieux. Je vous ai réservé deux chambres à l'hôtel Marriott jusqu'au 26, puis le 26 un aller Miami-Chicago, départ aux aurores, 6 h 45, désolé c'est tôt mais là encore, on y gagne tellement sur le tarif que ça vaut vraiment le coup. Toujours O.K., Régis ?

– Impeccable.

– On vous accompagnera à l'aéroport d'Hyères, Claude et moi, à deux voitures. Françoise gardera la boutique.

Papa enlève ses lunettes et affiche un sourire heureux.

– Tarif imbattable, mais il faut dire que j'ai négocié comme un diable. Au train où vont les choses, bientôt, je passerai plus de temps avec la responsable de l'agence qu'avec ma propre femme !

Maman qui a tout entendu jaillit de la cuisine et esquisse une petite scène de jalousie pour rire à propos de cette dame de l'agence. Régis le beau parleur proteste aussitôt :

– Claude, vous plaisantez, un homme qui a la chance d'avoir une femme comme vous n'a qu'une idée en tête, c'est d'être à la hauteur, pas vrai Isa que ta mère...

Je ne réponds rien, je suis ailleurs dans mes pensées, je n'ai qu'une hâte, pouvoir me doucher, je sens l'odeur de l'Autre tellement fort sur moi que je m'étonne que tout le monde ne me regarde pas de travers en reniflant. J'émets un vague grognement en haussant une épaule. Régis lève les yeux au ciel et prend mes parents à témoin, la moustache frémissante.

– Non mais regardez-la celle-là, toujours à faire sa mine de traviole, alors que tout le monde se décarcasse pour elle ! Oh, Isa ! Passe encore que je m'épuise pour qu'après tu n'en fasses qu'à ta tête, que tu gâches tout ce que je t'apprends avec tes états d'âme à la mords-moi le... Pardon, Claude. Mais ton père, ta mère ! Tu crois qu'ils n'ont que ça à faire ?

Il me décoche une bourrade, je ne réagis pas. Je me recroqueville. C'est reparti pour un tour, la vieille scie habituelle : tout le monde ici se donne du mal pour que je réussisse, sauf moi... Mes fameux états d'âme. J'ai beau essayer d'éviter tous les regards, je croise celui de papa, ses bons yeux bleus posés sur moi débordent de tendresse un peu perplexe, c'est vrai quoi, on s'étonne de me voir si morose et si mal embouchée alors que je vis un vrai conte de fées éveillé. Pour cacher les larmes qui me montent aux yeux, je me donne l'air encore plus désagréable, les lèvres soudées et l'œil dans le vague.

Papa prend ma défense, mais non mais non Régis ne la culpabilisez pas cette petite, c'est bien normal que les parents donnent un coup de main, d'abord ça nous fait plaisir, on est tellement fiers d'elle, tu sais ça, hein, Isa, qu'on est fiers de toi ?

Oui je sais, et comment que je sais, toute cette fierté qui me tombe de partout et que je dois mériter, s'ils savaient ce qui se passe par-derrière, mais ils ne sauront jamais, plutôt mourir qu'une telle honte. Je fais « oui » de la tête en regardant mes pieds, je verrouille mon bec et, comme toujours dans ces cas-là, je m'échappe loin ailleurs, je pense à autre chose, je ne les entends plus...

... Je suis dans l'atelier de Tahiti, je rentre de l'école, j'ai jeté mon cartable par terre, quel contraste entre dehors où il fait si chaud, avec ce soleil blanc à vous brûler les yeux, à faire rissoler les eucalyptus, et cette grande pièce aveugle éclairée au néon, avec son odeur mélangée si caractéristique de colle (j'adore) et de soudure (je déteste). Le poste de radio grésille, une chanson de Fugain ou de Sardou, papa est penché sur son établi, concentré sur sa tâche : il est en train de coller un abat-jour, le tissu d'un côté et le papier de l'autre, pas question de faire une bulle ou tout le travail est fichu... Je m'approche sur la pointe des pieds, j'enjambe les chutes innombrables de papier et de tissu de toutes les tailles et de toutes les couleurs qui jonchent la pièce, je contourne les rouleaux gigantesques posés contre les murs. J'attends qu'il ait fini, il lève les yeux, me sourit :

« Bonjour ma chérie, alors, cette dictée ? » Pas fameuse la dictée, pas fameuse du tout, je lui dis ma mauvaise note, il me gronde gentiment pendant que je me hisse sur le grand tabouret tout à côté de lui, « c'est ta maman qui va être déçue, avec tout le mal qu'elle se donne pour te faire travailler »... Je lui plante un baiser sur la joue, je peux t'aider ? J'adore ce moment-là, quand il lisse son abat-jour pour en chasser les bulles, ses mains pressent le côté papier d'un geste ferme, si paisible et tranquille. Parfois il m'autorise à appuyer les miennes aussi... Nous parlons de tout et de rien, je suis merveilleusement bien. Et puis je suis si fière de lui. À Saint-Tropez, à Ramatuelle, toutes les belles villas sont éclairées par les abat-jour que fabrique mon père, il les crée sur mesure pour répondre au goût de chacun. Papa est un artiste. Soudain, mon chat Poussy qui m'a suivie dans l'atelier bondit sur le plan de travail, papa pousse les hauts cris, je saute de mon tabouret pour essayer de neutraliser le coquin : « Poussy, Poussy, qu'est-ce que tu fais là, viens, on s'en va », le voici dans mes bras, j'attrape mon cartable, je pousse la porte qui mène au salon, j'ai faim, il est l'heure de goûter...

Mais non, il est l'heure de dîner, nous sommes à l'Amourié et non à Tahiti, la ferme de Tahiti est vendue, et moi je suis une jeune championne de tennis qui attend que son entraîneur ait fini de prendre congé pour aller se doucher et pouvoir enfin regarder son père dans les yeux.

*
* *

– C'est bien simple : pour papa et maman, on n'existait même plus. On était au placard, dit Olivier.

Mon frère a beau avoir cinquante ans bien sonnés et trois grands enfants, on entend encore la souffrance dans sa voix.

– C'était valorisant pour eux que tu sois une championne, forcément...

Olivier dirige aujourd'hui un magasin de prêt-à-porter à Saint-Tropez. J'ai mis du temps à le coincer dans ce petit restaurant de fruits de mer pour un déjeuner en tête à tête. Ce n'est pas qu'on se voie peu, ce serait difficile, avec sa boutique à deux cents mètres de chez moi, mais toujours parmi d'autres, au magasin avec ses employés, ou au bar du Sube avec des copains.

Je suis un peu désarçonnée. Je n'avais pas conscience de ça, de leur avoir pris quelque chose, d'autant moins que ma période de championne a coïncidé avec le moment où tous les trois avaient quitté la maison. Ils étaient tous en couple, j'avais même des neveux, ils avaient leurs métiers, je n'aurais pas pensé que la plongée de papa et maman dans le tennis avait pu les blesser. Ou peut-être que si, en y réfléchissant, peut-être qu'inconsciemment je l'ai senti, puisque je m'obstinais à leur écrire et leur téléphoner pendant mes tournois, à leur rapporter des petits cadeaux de Californie, de Miami, de Madrid, de Berlin, de toutes ces étapes obligées du circuit, alors qu'eux ne se manifestaient presque jamais. Peut-être que je cherchais à me faire pardonner je ne sais quoi. D'exister. Sauf qu'avant, je faisais mon intéressante pour y arriver. Et maintenant que je l'étais devenue, intéressante – les journaux nous le répétaient assez, et les discours en boucle des parents sur mes exploits – je voulais leur montrer que pour moi rien n'avait changé, que je les admirais tout comme avant.

Peut-être même davantage. Car à l'admiration que je leur portais s'ajoutait la honte qui me rongeait. Eux n'avaient pas démérité. Contrairement à moi, ils n'avaient pas chuté du monde raffiné où nous avions été élevés. Les ongles noirs, les haleines de dent creuse, les coïts silencieux à plat ventre dans le cagibi, ils ne soupçonnaient même pas que ça pouvait exister, surtout pas depuis des années. Hervé avait épousé une femme aussi douée que lui, il inventait des paysages, elle créait des sacs, les plus fous, les plus improbables des sacs, ma sœur Françoise me racontait ses périples au bout du monde avec son mari.

– Tu te souviens des petits cadeaux que je vous rapportais ?

Il ne se souvient pas, ou peut-être que si, il ne sait plus. Ses souvenirs avec moi se réduisent à trois fois rien. Ma jambe cassée en moto, bien sûr... Mes caprices. Comment il m'a appris le ping-pong et m'a ainsi donné l'idée de jouer au tennis – je sursaute, je proteste, mais non, ce n'est pas ça du tout, mais il n'en démord pas. Et puis ensuite, la seconde époque à l'Amourié, eux trois partis, et le trio papa-maman-Isa basculant dans le tennis corps et âme, perdus pour le reste de l'humanité. Ou en tout cas pour la famille. Une petite sœur virtuelle adulée des parents, qu'on regarde jouer à la télévision, promise au firmament, à intégrer « les cinq premières mondiales »... Tout ça, finalement, pour rien. Pour rater sa carrière et se fâcher avec sa famille pendant des années, au point de devoir s'enfuir à Paris.

Je pose ma dernière question, la plus importante de toutes : est-ce qu'il n'a jamais rien soupçonné ? Il réfléchit longtemps, hésite, enfin répond ce que tout le monde me répond, pourtant personne n'en parlait jamais autrefois :

– Tout de même, ce qui se trafiquait au Refuge, ça me semblait un peu bizarre...

# – 10 –

# SILENCE

Quand je prends ma voiture ou ma moto pour aller donner mes leçons à mon club, je passe à cinquante mètres, je peux même lire la pancarte de la rue sur le mur de pierre : « Avenue François-Pelletier – assassiné par les Nazis à Signes, Var, le 12 août 1944 ». Mais mettre mon clignotant, tourner à gauche, me garer devant le Refuge, pendant des mois, je n'ai pas pu. Même si je me disais qu'un jour, il faudrait bien. Comme souvent, c'est une rencontre de hasard qui m'a décidée, une de ces coïncidences improbables qui vous font dire qu'il y a un Dieu pour ceux (et celles) qui cherchent.

C'était pendant les vacances de la Toussaint. Je venais de terminer mon cours collectif aux enfants. J'avais fini par quelques échanges en solo avec Astrid, une petite fille magique qui, à sept ans à peine, avait déjà tout le tennis dans les mains.

Astrid possède tout ce qu'il faut et plus pour devenir une énorme championne : technique, œil, sûreté des gestes, faculté d'anticipation, concentration... Les pros ont eu tôt fait de flairer la poule aux œufs d'or, pour eux c'est évident, elle doit attaquer les tournois, c'est même déjà un peu trop tard, certains commencent à quatre ans et demi. Mais Astrid a la chance d'appartenir à une famille pour qui dîner avec Federer ou souper avec les Williams tient de l'aimable quotidien. Le « non » a été immédiat, pas question d'entrer à sept ans dans cette spirale de folie, du coup Astrid vit tranquillement sa vie de petite fille entre ses devoirs et ses jeux, parmi lesquels sa raquette et sa balle. D'où peut-être cette grâce sur le court, ce pur bonheur de jouer qui me touchent tellement.

Sur la terrasse en teck devant la guitoune du « Tennis d'Isa », la grand-mère d'Astrid, allongée sur un transat, discutait avec des mamans. Leurs petites silhouettes serrées l'une contre l'autre comme deux moineaux, mes parents m'attendaient au soleil. Nous avions prévu d'aller ensemble déjeuner sur la plage, chez Patrick, si la température de novembre le permettait. En fait, on se gelait un peu, mais dans ma famille personne n'a jamais su résister à l'appel du soleil. Une amie de mes parents qu'ils connaissent depuis quarante ans s'est jointe à nous, ainsi que mon adjoint Ben, et la petite troupe emmitouflée d'anoraks a pris place autour de deux tables de plastique blanc près de la baraque de Patrick, bravant le coulis de mistral sournois qui nous glaçait les chevilles et les cuisses. La plage était pour ainsi dire déserte, j'avais si froid qu'en attendant l'arrivée de mon steak, je me suis levée pour faire quelques pas sur le sable et regarder la mer d'un peu plus près. Non loin de là, un groupe discutait ; une des femmes, brune et mince, cheveux bouclés réunis en queue de cheval, regardait dans ma direction avec insistance. Je me suis rapprochée... et j'ai reconnu Anne.

Que je rencontre Véro à l'Open Gaz de France pouvait à la rigueur s'expliquer : nous avions toutes les deux en commun notre passé tennistique. Mais tomber sur Anne en ce jour de novembre, dans la partie la plus vide de Pampelonne, à des lieues des *Jumeaux* et autres *Voile Rouge* ou *Club 55* où se massaient les rares vacanciers... il y avait de quoi se pincer. Elle m'a rapidement présentée à son groupe, puis nous nous sommes éloignées un peu à l'écart pour pouvoir parler sans contrainte.

Anne faisait partie des jeunes joueuses françaises que nos succès, à Nath et moi, avaient attirées au tennis-club des Marres. Elle venait du Nord et ses parents, comme beaucoup d'autres, l'avaient confiée à Régis, dont la réputation de faiseur de championnes avait fini par traverser la France. Tout le monde rêvait d'expérimenter la « technique magique » du coach de Saint-Tropez, ce nouveau gourou du tennis qui narguait la Fédé.

Quand j'étais arrivée aux Marres, Régis, sa femme et ses deux filles habitaient le premier étage d'une grande bâtisse un peu à l'abandon, à l'entrée du village en venant de Sainte-Anne. Avec les victoires du club en tournois, sa clientèle s'était élargie, des filles lui étaient arrivées de tout le Var. Il avait commencé par en loger chez lui dès 1979. Puis l'idée lui était venue de louer le rez-de-chaussée, composé de cinq chambres, pour le mettre à disposition des élèves non tropéziennes qu'il prendrait en pension. Certaines filles venaient s'entraîner le week-end mais suivaient leur scolarité ailleurs : celles-là ne dormaient au Refuge qu'une ou deux nuits par semaine. D'autres, comme Nath la Toulonnaise, y restaient la semaine et revenaient chez elles le week-end. D'autres enfin vivaient là à temps plein, comme Anne la Lilloise ou Maïté la Lyonnaise, et ne voyaient leur famille qu'à l'occasion des vacances scolaires. Cinq filles séjournaient donc en permanence au Refuge.

Depuis ma rencontre avec Véro et l'enquête qui avait suivi auprès des filles, je savais qu'il s'en était passé, dans ces cinq chambres ! Anne entre autres me l'avait dit, car j'avais réussi à retrouver sa trace grâce à Catherine. Nous nous étions parlé au téléphone un an plus tôt, ce qui nous dispensa de tourner autour du pot.

– Où tu en es ? me demanda-t-elle. Rien de neuf ?

Non, rien de neuf, sinon que j'avais décidé d'écrire un livre, et que j'étais en quête de souvenirs – les miens, ceux des autres – pour tenter d'apaiser les fantômes muets revenus me hanter en leur offrant mes mots. S'agissant d'Anne, a priori, l'essentiel avait été dit lors de notre entretien téléphonique. Il avait essayé avec elle comme avec toutes les autres, mais elle y avait échappé. Elle avait su être ferme, elle avait dix-sept ans, elle connaissait la musique. L'Autre n'était pas un violent mais un pervers, il n'y allait jamais par la force brute. Il tentait sa chance, systématiquement. Comptant sur l'effet de stupeur, de terreur, de sidération que provoquait le premier geste sur les plus jeunes ou les plus fragiles pour avancer vite fait ses pions. Après quoi la souillure était là, la honte... et il pouvait jouer sur du velours.

Anne se souvenait surtout du bruit de pas sur le gravier, vers 1 ou 2 heures du matin. Des pas qui hésitent, qui vont ici ou là. Parfois ici puis là. Un petit grattement à la porte-fenêtre, le grincement d'une espagnolette. C'est comme ça qu'elle avait compris qu'il passait faire ses trucs chez tout le monde. Même si les filles n'en parlaient pas entre elles – jamais un mot. Comme si ça n'existait pas.

– Il n'y a que Tatiana qui m'en ait parlé. On était très proches. Elle était terrifiée en permanence. Ça l'a complètement détruite.

Tatiana. Une fille pas très jolie, un peu forte. Mal dans sa peau, inhibée.

– Elle a vécu l'enfer. Elle avait la chambre à côté de la mienne, j'entendais de vagues bruits. Dès qu'il venait, elle y avait droit.

Quand je suis retournée à table, quelques minutes plus tard, tout le monde avait déjà commencé et mon steak était froid.

– Devinez qui je viens de rencontrer ?

Personne évidemment n'avait reconnu Anne, je l'ai resituée brièvement, maman s'en souvenait très bien et elle m'a demandé de sa voix bien timbrée, tout en se versant un verre de vin rouge :

– Ah bon, tiens, et elle aussi elle a été abusée ?

Je suis restée muette, saisie, mais personne n'avait tiqué, la vieille amie de la famille poussait délicatement sa salade sur sa fourchette avec un petit morceau de pain, papa fixait la mer de ses yeux bleus d'enfant, perdu dans ses pensées, et maman à présent buvait sa gorgée de vin. J'ai répondu « non » d'une voix étranglée.

– Non, pas elle, mais sa voisine de chambre oui, Tatiana...

Maman s'est concentrée, Tatiana, Tatiana, voyons... Ah oui, Tatiana ! Tiens ? Eh bien ! Encore une, décidément... Et le déjeuner a continué. On a beaucoup parlé tennis, contrairement à moi, papa et maman ont gardé un rapport passionnel à ce sport et ne ratent pas un match, maman voulait tout savoir des bisbilles entre les clubs de la région, et puis on a parlé de mon projet de beach tennis, mais surtout de tout et de rien.

Je n'ai pas traîné chez Patrick, à peine le temps de boire un café pour me réchauffer et j'étais dans ma voiture, direction le Refuge. La colère m'étranglait, contre qui contre quoi je ne sais pas vraiment, il n'y avait finalement rien de bien neuf dans tout ça, je savais déjà cette faculté qu'a maman d'ôter aux événements leur noyau d'émotion, avec mon grand-père policier elle a de qui tenir. Si pour se protéger elle avait besoin de cacher la vérité derrière des mots lisses comme de beaux galets, je n'avais pas le droit de lui en vouloir. Non, c'étaient les bulles de passé auxquelles je ne m'habituais pas, qui me terrassaient à chaque fois, à chaque nouveau détail, une image, une intonation, le crissement de pas sur les gravillons du Refuge. La vision de cinq petites filles raides et muettes dans leur lit.

J'ai pilé net devant, je me suis garée exprès à l'endroit précis où Régis garait sa voiture – chaque fois, en passant, on jetait un coup d'œil pour savoir s'il était rentré. J'ai claqué la portière et traversé la rue. « Le Refuge », lisait-on comme autrefois en lettres noires et rondes, peintes à la main. Rien n'avait changé. Toujours les mêmes vieilles poubelles de plastique noir avec leur couvercle par terre à l'entrée, le portail de fer forgé ouvert à tous vents, toujours ce bâtiment aveugle au premier plan qui dissimule la maison, l'allée de gravier sur la gauche à moitié bouffée par les mauvaises herbes, des saloperies un peu partout – escabeau auquel manque une marche, cage à oiseaux sans fond renversée sur le bas-côté d'herbe jamais tondue, joujoux désarticulés, et ce linge qui pend à un fil depuis on ne sait quand... Vingt ans peut-être ? La maison était là, d'un rose passé et approximatif, dissimulée par des touffes de verdure en désordre – palmiers souffreteux, lauriers-roses ou sauce pas taillés, toujours cette impression de jungle négligée et un peu maladive. Les années avaient eu beau passer, les locataires succéder aux locataires, le Refuge avait continué d'imposer sa loi, plutôt son anarchie. Une grosse moto penchée sur sa béquille me montrait ses fesses, il devait y avoir quelqu'un mais je m'en fichais complètement, j'ai marché en faisant exprès crisser le gravier et j'ai regardé sans me gêner les fenêtres du rez-de-chaussée, avec leurs voilages et leurs volets vert olive.

Rien n'a bougé.

Le long de la façade de droite, un escalier extérieur avec sa rampe en fer forgé tarabiscoté menait à l'étage – c'était là, autrefois, que vivait Régis, d'abord avec sa femme et avec ses deux filles, puis, après la séparation, tout seul avec sa sœur.

Combien de filles s'étaient succédé ici ? Des dizaines, de tous âges – de sept à dix-neuf ou vingt ans. J'étais une des très rares du club à n'avoir jamais vécu au Refuge. Ce qui ne m'avait pas empêchée d'y traîner bien souvent. En semaine, parfois, pour dîner au premier avec toute la petite troupe – je revoyais Régis en survêtement dans le salon, assis devant la télé avec son plateau-repas, je revoyais autour de lui ces grappes de filles et d'adolescentes perchées sur des fauteuils ou étalées en rang d'oignons sur le grand canapé. Il m'arrivait aussi de passer au Refuge pour y faire la fête, à l'occasion des anniversaires de l'une ou de l'autre. Enfin, « fête » est un bien grand mot : entraînement avant tout, rien ne justifiait de se coucher tard ni d'introduire dans notre groupe des gens qui n'en faisaient pas partie. Je n'ai pas souvenir d'avoir vu beaucoup de garçons ici, hormis les profs de l'équipe, bien sûr, Djamel, Étienne, et les rares pensionnaires mâles qui se soient jamais risqués au Refuge. Même les grands et les petits frères n'étaient pas vraiment les bienvenus ; les sœurs non plus, d'ailleurs : nous restions entre nous. Ça ne nous empêchait pas de nous amuser ensemble, y compris et surtout Régis qui adorait chahuter.

Orgies de gâteaux et de bonbons sur fond de Supertramp, serpentins et langues de belle-mère, défilés déguisés avec deux-trois chiffons... La moitié d'entre nous au moins partageaient le même secret et nous n'avons jamais rien dit, ni aux autres ni entre nous. Je me croyais la seule. Tatiana se doutait qu'elle ne l'était pas mais ne savait pas qui d'autre. Rachel savait pour Marie mais elle ignorait tout pour Florence. Anne savait pour Tatiana mais n'aurait jamais pensé que Clotilde. Clotilde pensait à dix ans que toutes les filles vivaient ça mais comme il avait dit de ne pas en parler personne n'en parlait parce que pour ces choses-là les mots n'existaient pas. Et les jours les semaines les mois et les années passaient, et les cunnilingus les sodomies nocturnes allaient bon train, recouverts d'une chape de silence épaisse comme notre honte.

*

* *

– Je ne me le pardonnerai jamais !

Depuis que j'ai parlé, Catherine ne se remet pas. À vingt ans de distance, ce silence lui déchire les tympans, et pour essayer de le faire un peu taire, elle n'a trouvé qu'un moyen : suivre au tribunal les procès pour pédophilie. Au cas où. Et puis aussi, à force d'écouter ces victimes de tous âges qui osent enfin briser le silence après souvent plusieurs années, à force d'observer, fascinée, l'aplomb tranquille des coupables qui continuent de nier alors même que tout les accable, elle espère comprendre. Démonter la mécanique de notre soumission, de son aveuglement à elle, et du triomphe de l'Autre – de son impunité.

Catherine est arrivée aux Marres comme éducatrice en 1983, année de mes débuts sur le circuit international. J'avais seize ans. Elle s'occupait des plus jeunes, et s'il est vrai qu'elle les maternait volontiers, elle m'a avoué, depuis, avoir toujours fait en sorte de préserver sa vie privée : « Le Refuge ? Je n'y mettais pas les pieds. Moi, c'était les Marres – et basta. » Passé 20 heures, quoi qu'il advienne, elle rentrait chez elle. Pour elle, tout était fini ; pour nous, tout commençait.

– Qu'est-ce que je m'en veux ! Les filles m'auraient parlé, peut-être, si j'avais été assez proche. Si j'avais su créer de vrais liens de confiance.

L'épisode Maïté reste fiché dans sa mémoire comme l'occasion qu'elle a ratée d'enrayer la machine. Et dans sa conscience, comme un clou rouillé. Cette année-là, en attendant qu'une chambre se libère au Refuge, Catherine, fait rarissime, avait accepté d'héberger provisoirement dans son triplex une petite nouvelle venue de Lyon : Maïté. Peu de temps après, des billets de banque avaient disparu dans la voiture de Régis. Au bout d'une semaine d'enquête, tous les soupçons convergeaient vers Maïté et Régis avait résolu de la faire avouer.

– Quand je l'ai vue sortir en larmes de la voiture, et quand je l'ai vu, lui, avec ses yeux tout rouges et son air hagard, j'ai tout de suite pensé à *ça...*

Rien ne le laissait pourtant supposer : ce n'était qu'une banale histoire d'argent volé, il venait de faire avouer la coupable puis il l'avait raccompagnée pour dîner avec les autres au Refuge, voilà tout. Mais Catherine sentait bien que quelque chose n'allait pas. Elle avait essayé de le pousser dans ses retranchements, il s'était contenté de ricaner : mais non il n'avait pas fait chanter Maïté, quelle idée, et quoi d'autre pendant qu'on y était, violée ?

Maïté avait passé une partie de la nuit en sanglots hystériques dans l'appartement de Catherine, sans jamais vouloir s'expliquer. Rien, pas un mot, malgré les prières de Catherine. Et puis le lendemain, comme si de rien n'était, elle s'était installée au Refuge où l'attendait sa chambre. Catherine avait classé l'affaire. « Je me suis dit que je m'étais trompée, que j'avais dû sur-interpréter... »

Il y avait eu d'autres indices concernant d'autres filles, trois ou quatre, mais bien moins lourds, dispersés sur six ans – une gifle sous la douche, des menaces proférées sur le parking par une mère ulcérée, des photos qui traînaient... Que faire ? Elle en avait touché deux mots à un ami avocat qui l'avait dissuadée d'agir, « si tu n'as pas de preuve il n'y a rien à faire, oublie », elle n'avait jamais rien vu de probant en six ans. Vingt ans plus tard, elle s'interrogeait sur cette logique du silence. Impossible de rien dire sans preuve, du coup elle avait laissé faire en croyant que rien n'était fait...

Car le silence n'était pas seulement celui des filles : c'était celui des grands aussi, incités par la

Loi à enfouir dans leur poche, en mettant leur mouchoir par-dessus, les petits signes qui pouvaient les alerter – mot déplacé, main mal placée, absence troublante, présence injustifiée, larmes un peu trop fréquentes, départs précipités... Des signes qui, posés bout à bout, se seraient mis à crier. Mais qui, bien étouffés sous un mouchoir de poche, finissaient par perdre leur jus et disparaître. Effacés par le reste, qui était si fort.

– Ce qu'on vivait, c'était un rêve ! soupire Catherine. Régis avait réinventé le tennis... Avec lui, je me suis sentie dans la peau d'une grande entraîneuse.

Et nos parents, dans celle des parents de Navratilova.

Et moi, et nous, dans celle de Navratilova.

Sauf qu'à ma place, à notre place, Navratilova, elle, aurait parlé.

# – 11 –

## SACRIFICE

Depuis toujours, Navratilova est ma joueuse préférée. Pour son sublime jeu d'attaquante, bien sûr, mais pas seulement. J'aime toute sa personne – sa liberté, sa générosité, sa façon d'inventer sa vie en se fichant du reste. Au cours de cette enquête, je me suis replongée dans son autobiographie que j'avais dévorée dès sa sortie en France, en 1986 – *Martina raconte Navratilova*[1]. Et je suis tombée sur cette fin de chapitre anodine et enjouée, qui m'a fait mal : « Cependant, le tennis n'était pas toute ma vie : mon emploi du temps au lycée était chargé, et je venais de découvrir les garçons ! » Le chapitre qui suit nous la présente avec son premier flirt, à Prague, voguant, insouciante, de bars à bière en salles de cinéma... Elle

1. *Martina raconte Navratilova*, Paris, Carrère-Michel Lafon, 1986.

a dix-sept ans, d'ici quelques années elle sera la n° 1 mondiale, et elle vit une vie merveilleusement normale. Quelques pages plus tôt, elle a d'ailleurs réglé leur compte vite fait bien fait aux zinzins qui croient bon de tout abandonner pour le tennis, à commencer par l'école. Renoncer aux études, quand il suffit d'un accident pour se retrouver sans rien, il faut être timbré : c'est pour elle une telle évidence qu'elle passe aussitôt à autre chose sans épiloguer.

Aujourd'hui, ce n'est plus une évidence pour grand monde. Et dans les années quatre-vingt, au tennis-club des Marres, c'est le contraire qui allait de soi.

*

* *

– Je ne sais pas, moi... Je n'ai rien contre. Appelle Régis. S'il est d'accord, je veux bien.

Le moins qu'on puisse en dire, c'est que maman ne se mouille pas, mais bon, je m'y attendais. Je sors dans le jardin en réfléchissant, zut, flûte, qu'est-ce que je vais faire ? Si j'appelle, c'est couru d'avance, adieu *L'Été meurtrier*, ma séance de ciné est à l'eau. Et si je n'appelle pas ?

– Oh, c'est pas trop tôt !

Sylvie saute de la margelle du puits où elle s'était assise pour capter les derniers rayons de la journée, elle m'envoie un baiser pour rire et me tend le casque.

– Tu te magnes, Adjani, on va rater la séance.

Sylvie a beau être une amie d'enfance, elle me fait un peu peur, c'est une grande gueule qui aime la provoc avec son physique dur et ses tenues de mec. Malgré tout, je l'aime bien, on se connaît depuis l'école primaire et on se voit de temps en temps, d'autant qu'elle vient souvent taper la balle au club. Ce soir, comme elle rentrait de la plage à moto, elle a fait un crochet par le quartier Saint-Claude pour me proposer un ciné.

Je secoue la tête :

– Je crois que ça ne va pas pouvoir marcher...

Elle me fixe, les yeux ronds :

– Quoi ? Comment ça ? Ils veulent pas ?

– C'est pas ça, eux oui, mais ma mère veut que je demande l'autorisation à Régis. Il voudra jamais, de toute façon il dit toujours non.

Elle part d'un de ces éclats de rire... à côté le cri de Tarzan c'est un pet de coccinelle.

– Tu te fous de ma gueule ? T'as quel âge ?

J'ai seize ans, oui, je sais, mais j'ai mon entraînement demain et ça ne rigole pas, avec mon prochain tournoi dans quinze jours.

– Y fait chier ce mec, t'as qu'à dire que tu l'as appelé, qu'il est d'accord, de toute façon il en saura rien du tout.

Tu parles, il sait toujours tout. La semaine dernière, ma copine Édith m'avait invitée à dîner chez elle et son mari, après on s'est promenés sur le port vers 22 heures et manque de bol, sur qui on tombe : Régis. Le lendemain ça a chauffé, j'aime mieux ne pas y repenser. Après, évidemment, j'ai eu droit à la punition classique : privée d'entraînement pendant deux jours. Moi qui lui avais fait une scie pas possible pour qu'il nous fasse travailler le revers chopé, tintin, c'est Nath qui en a profité. Du coup, je lui ai juré de ne plus mettre le nez dehors après dîner pendant un mois.

Je secoue la tête, les yeux baissés.

– Désolée, je peux pas. Il va me pourrir la vie, sinon.

– Putain, j'y crois pas ! Déjà que tu ne vas plus au bahut, il veut te mettre en cage ou quoi ?

Je m'énerve, d'abord si je ne vais plus au bahut il n'y est pour rien, on a décidé ça d'un commun accord avec papa, maman et lui. Il n'y a pas de lycée à Saint-Tropez, il aurait fallu que j'aille à Saint-Raphaël, ça m'aurait mangé tout mon temps, j'aurais dû arrêter l'entraînement... Sylvie hausse les épaules, d'accord d'accord, de toute façon il faut qu'elle file, la séance est à 19 h 45, bon samedi soir quand même Mamie Nova, et bon tricot !

Elle claironne un « salut tout le monde », me nargue une dernière fois avec le casque et enfourche sa Yamaha, une gerbe de graviers et la voilà partie, j'écoute la pétarade du moteur s'estomper puis disparaître, et merde, qu'est-ce que j'aurais aimé le voir, ce film.

Maman sort de la maison.

– Alors, tu l'as appelé ? Qu'est-ce qu'il a dit ?

Je hausse les épaules, rien, non je n'ai pas appelé, de toute façon je n'avais pas tellement envie de sortir ce soir, je suis crevée, et demain il faut que je me lève tôt pour ma séance de services avec Nath. En fait, ce n'est pas vraiment un mensonge, je ne suis pas si mécontente de rester là avec mes parents, je me connais, si j'étais sortie j'aurais eu tellement peur de rencontrer Régis que ça m'aurait bouffé la soirée, j'aurais fait la tête, ça vaut mieux pour tout le monde que je reste. Et puis on n'est pas bien, là ? Je m'allonge à plat ventre sur l'herbe un peu jaunie de la pelouse encore toute tiède de soleil, le jardin embaume le laurier-rose, une fragrance légère et sucrée, quel bonheur. Ma chienne Tchikita ne tarde pas à rappliquer, elle me renifle le cou et me lèche le visage, pouah qu'elle est sale mais je m'en fous je l'aime, je plonge mes mains dans ses poils longs et touffus pleins d'herbe et de petites boules piquantes. Ils sont si rares ces moments où je suis chez moi et où je n'appartiens qu'à moi. Mon emploi du temps est tellement verrouillé, conditionné par le tennis, réveil 6 h 45, petit déjeuner avec papa, 8-9 heures leçon de service, 9-11 heures entraînement collectif sur les quatre courts, 11 heures-midi leçon individuelle avec Régis, déjeuner chez moi avec mes parents, 14-16 heures matchs avec objectifs précis, puis bilan de match, 17-18 heures cours d'aérobic et de stretching avec la sœur de Régis dans une salle qu'elle loue exprès pour nous, et le soir en rentrant, cours et devoirs avec ma mère pour le Cned[1], avant et après dîner. Cette année, pour la première fois, je ne vais plus au collège ni au lycée : je suis mes cours de seconde par correspondance sous la direction vigilante de maman, qui déploie une patience d'ange pour arriver à me faire travailler. Il faut ce qu'il faut, d'autant que ça y est, Régis me lance sur le circuit international à partir de décembre ! Au programme, l'Orange Bowl à Miami, puis la Rolex Cup à New York, puis Chicago... Les States. Depuis cinq ans que j'en rêvais, ça y est, je touche au but, alors je ne vais pas faire des caprices pour sortir au cinéma ou en boîte, dans la vie il faut faire des choix, sur ce point Régis a raison. On s'en fout, de *L'Été meurtrier.* Pas vrai, Tchikita ?

*
* *

– Ça m'avait choquée, tu n'imagines pas !

Vingt-quatre ans plus tard, Sylvie se souvient de cette scène comme si elle venait de la vivre. Vautrées sur le canapé de mon salon, nous sommes en train de nous gaver de crêpes, un monceau de crêpes au jambon, au fromage et au sucre que j'ai

1. Centre national d'enseignement à distance.

préparées en son honneur. J'avais prévu du cidre, c'est tout ce que je suis capable d'avaler comme alcool, mais elle est arrivée avec un bon bordeaux et je me sens un peu obligée de goûter. Un verre pas plus, je ne tiens pas à perdre le contrôle de la soirée, d'autant que je sors d'un long coup de fil avec une des victimes de l'Autre et que ça m'a un peu chahutée. Soirée d'amitié, bien sûr, mais aussi d'enquête, je ne m'en suis pas cachée, je veux qu'elle m'aide à avancer, qu'elle me donne sa lecture de cette époque-là. Nous nous sommes revues entre-temps, notamment à Villiers à l'époque d'Amélie, j'ai souvent été frappée par la finesse de ses analyses, en contraste total avec les manières qu'elle affiche.

– Que des parents puissent s'en remettre à ce point à l'entraîneur, je n'en revenais pas...

Curieusement, ce n'est pas la tyrannie de Régis qui l'a marquée, mais l'attitude de mes parents. La confiance absolue qu'ils accordaient à cet homme, au point de partager avec lui toutes les décisions concernant ma vie, voire de lui en déléguer certaines. Mon frère Olivier fait écho à cette analyse lorsqu'il dit : « Pour les parents, Régis, c'était Dieu. »

Comment aurait-il pu en être autrement ? Il n'y a que Dieu pour faire des miracles. Et pour me propulser à seize ans dans le grand bain international, après seulement cinq années de tennis, il fallait un miracle. Notre « Dieu » à moustaches ne se privait pas de le faire savoir, il nous sortait toujours la même ritournelle : « C'est moi qui fais tout. Je suis le seul à faire des efforts. Si je n'étais pas là, tu ne serais rien. » À force, ça vous rentre dans le crâne. Le mien bien sûr, et puis celui des autres, des parents, des amis, des frères et sœurs. Régis fait tout. Il arrive à pousser Isa au sommet malgré ses états d'âme et son sale caractère... Chapeau, maestro ! Tous les sacrifices du monde ne suffisaient pas, j'étais toujours en arrière du manche, en défaut. « Tu ne fais pas d'efforts, tu n'en fais qu'à ta tête. » J'avais sacrifié le ski, le skate, les sorties au ciné, les soirées chez des potes, le lycée, les études, mais ça ne suffisait jamais. « C'est moi qui fais tout, tes victoires c'est moi qui les remporte, quand est-ce que tu te décideras à jouer pour de bon et à bouger ton cul ? »

Sylvie lance son éclat de rire qui tue. Le régime champion, elle en connaît un bout, après deux ans de passion fusionnelle avec une star du tennis.

– Le sacrifice ! C'est ça la clé du truc. On vous serine que pour y arriver, il faut se priver de tout, il faut s'arracher tout, sauf le poignet pour tenir la raquette et une bonne paire de jambes... Plus tu souffres, plus tu gagnes ! Et plus tu gagnes, plus tu rapportes ! C'est ça le système !

Souffrir, souffrir... elle en rajoute un peu. Moi, je trouve qu'en tennis, on serait plutôt des privilégiées, surtout depuis que j'ai vu aux J.O. de Séoul à quoi ressemble le quotidien des nageurs par exemple, ou encore pire, des gymnastes. Je revois ces filles affamées avaler un biscuit, un carré de chocolat en cachette avec la terreur que leur entraîneur le sache, elles sont filiformes et surtout pas question de prendre un gramme, et ces nageuses qui passent leur vie dans un bassin à faire des allers et retours sans s'arrêter, huit heures par jour le nez dans l'eau chlorée avec à l'arrivée un chronomètre et un type qui t'engueule, des vies de chiens ou de saints.

– Le tennis, c'est moins dur physiquement, j'ai toujours pu manger mes glaces bourrées de crème comme ça me chantait et engloutir des litres de Coca...

Pour enfoncer le clou, j'attrape une crêpe nature et j'y verse une louche de Nutella, c'est au moins ma cinquième. Sylvie refuse le plat que je lui tends mais se ressert un verre de vin et me regarde d'un air perplexe. Puis elle se penche vers moi.

– Je peux te poser une question ?

Je fais oui de la tête.

– Je vais te dire, puisqu'on parle entre nous, ce que beaucoup de gens n'arrivent pas à comprendre, c'est que tu aies attendu si longtemps avant de dénoncer l'autre taré. Est-ce que...

Elle s'interrompt, hésite, je me crispe attendant le pire, et je ne me trompe pas, c'est encore pire que ça.

– Est-ce que, finalement, tu n'étais pas un peu accrochée à lui ? Je veux dire, pour subir ça pendant près de dix ans sans rien dire, il faut une espèce de lien un peu glauque, non ?

Prends-toi ça dans les gencives. Le coup est rude, je pose ma crêpe. Est-ce qu'elle se rend compte de l'énormité de ce qu'elle vient de me dire ? Sans doute pas, nulle trace de malveillance dans son regard qui peut être si dur parfois. Mon histoire l'intéresse, elle se renseigne, elle est curieuse, c'est tout. Et soudain, une décharge de colère me traverse. Je suis tellement indignée que je n'arrive pas à parler. Je ne peux pas la laisser penser ça, c'est comme si elle me volait mon histoire, les images affluent, je repense à ces fois où il ne me touchait pas pendant dix ou quinze jours, j'étais folle d'espoir à chaque fois, je me disais peut-être que c'était fini tout ça, mon Dieu merci, et en fait non, jamais, il remettait toujours ça un jour ou l'autre. « Accrochée ! » Et quand je lui ai dit un jour j'ai peur, j'ai pas mes règles, j'étais terrorisée, c'était au tout début et il a haussé les épaules et il s'est barré sans un mot, c'est la seule fois en neuf ans qu'on a parlé de « ça », jamais on n'« en » parlait, pourtant on se croisait tout le temps mais en neuf ans jamais, jamais un mot sur « ça », ni avant ni pendant ni après, comme si « ça » n'existait pas. D'ailleurs c'est vrai que ça n'existait pas, ni pour lui ni pour moi, sauf pendant dix minutes quand il me soufflait dans la gueule, plus souvent dans la nuque, forcément par-derrière c'est tellement moins risqué il l'a tout de suite vu, mon docteur d'Arnouville-lès-Gonesse... J'aurais tellement de choses à répondre que je ne dis rien du tout, je sais que si je n'arrive pas à trouver les bons mots ce sera pire que tout, des larmes d'impuissance me montent aux yeux, c'est comme le jour où une de mes tantes a dit, je le sais par ma sœur qui me l'a répété, *va savoir, après tout, elle l'avait peut-être cherché.*

Je pense aux esches qu'on enfile à l'hameçon pour pêcher à la palangrotte, pour être accrochées, elles le sont, avec juste leurs deux petites mandibules qui continuent à bouger. Je hausse les épaules et je dis froidement à Sylvie :

– Allez, une dernière crêpe et je vais me coucher.

*
* *

C'est un camion qui se rapproche, il doit être à l'entrée de l'aire, il vient de quitter l'autoroute, je sais, j'ai l'habitude, pourquoi ouvrir les yeux, je sens les vibrations, je les sens toujours avant l'Autre, je le devine qui roule au pas dans la nuit, deux pinceaux de phares qui balaient les arbres, il prend le virage en épingle à cheveux se gare face à nous, je guette le bruit du frein, ce long pscchhhht qui n'en finit pas, et voilà, il s'est arrêté... L'Autre s'arrête aussi, il vient juste de réaliser, la main s'est immobilisée, la main entre mes jambes, son souffle est suspendu. Je me raidis. *Tais-toi.* J'entrouvre à peine les yeux, je regarde la vitre côté passager, la vitre couverte de buée, pourvu qu'elle soit opaque – claquement de portière, le type qui sort pisser – pourvu qu'on ne voie rien. J'ai peur, toujours la même peur quand on est sur l'aire d'autoroute, si le type s'approchait – une voiture tous feux éteints sur cette aire d'autoroute, à 1 heure du matin... Mes jambes se mettent à trembler comme quand on a froid, je voudrais que la main s'en aille, j'essaie de l'enlever, *Ne bouge pas.* Je suis sûre qu'il est là le type, il mate il n'en perd pas une miette de moi avec cette grosse main dedans, ce halo dans la nuit c'est lui, c'est sûrement son visage collé à la vitre. L'Autre ne bouge pas, j'ai tellement peur je suis sûre qu'il y en a plusieurs et leurs yeux sont partout, devant derrière sur les côtés, des gros yeux de routiers. Une portière claque dans le lointain, un grondement fait trembler les vitres, le camion qui démarre, la main se retire de moi se glisse sous mon siège et tire la poignée pour le faire coulisser. Puis c'est un froissement de vêtements – *Ouvre les yeux, regarde-moi, regarde bien* –, j'entends le bruit du moteur qui décroît, le danger est passé, le deuxième acte du cauchemar peut commencer.

Je me suis réveillée en sursaut, les vitres de l'appartement tremblaient, j'ai reconnu le moteur du camion à poubelles. J'étais chez moi, en 2006, dans mon lit. Après le départ de Sylvie, j'étais tellement énervée que j'avais pris mon cahier et écrit sans arrêt pendant deux heures au moins. Mon cœur battait dans ma poitrine comme un marteau-piqueur, et puis ce mal de crâne lancinant, je me suis levée pour prendre une aspirine. J'essayais de me rappeler comment s'appelait cette aire d'autoroute, mais pas moyen, Roussillon ? Non, pourtant je la revoyais comme si j'étais dans la voiture de l'Autre, quand il posait sa grosse main sur ma cuisse c'était le signe qu'on approchait, c'était juste à l'amorce de la descente sur la plaine de Saint-Maximin, en contrebas les lumières de la ville faisaient comme un tapis de lucioles dans la nuit. Il mettait son clignotant à droite et il bifurquait, je n'ai jamais vu d'aire où le parking soit si loin de l'autoroute, ni si mal éclairée. Il fallait rouler une éternité avant d'y arriver, puis on prenait un virage en épingle à cheveux et on se garait sur la droite, en épi. À gauche, c'était le coin réservé aux poids lourds. En contrebas, un petit bois de pins, et tout au fond, à peine visibles, les lumières de Saint-Maximin. Il l'avait bien choisie, son aire d'autoroute – l'aire de Barcelone, ça y est, je me souviens. De mon siège passager, avant que les vitres ne s'embuent, j'apercevais dans le lointain les points jaunes ou rouges des voitures filant sur les voies, si loin que les camions eux-mêmes semblaient silencieux.

Je me suis recouchée avec mon aspirine. 4 heures du matin, inutile de songer même à se rendormir, après ce rêve et la soirée d'hier. Je repense à Sylvie, ces mots qu'elle m'a jetés. Je lui en veux de m'avoir dit ça, elle ne se rend pas compte, depuis bientôt deux ans que je me bats pour faire arrêter l'Autre, tous ces coups de téléphone et tous ces rendez-vous, tant de patience pour retrouver les victimes, accepter leurs reculs, comprendre leurs silences, recueillir leur parole... Deux ans de ma vie que je viens de consacrer à ce salopard, comme si neuf ans n'avaient pas suffi, tout ça pour m'entendre dire *que j'étais un peu accrochée à lui, non ?*

Ce que je ressens est si neuf, je ne me reconnais pas, une grosse, une vraie colère, pas tant envers Sylvie qui a juste formulé la question que tout le monde se pose, mais envers l'Autre – je vois soudain tellement clair dans son jeu. C'était si simple, il n'avait qu'à se baisser et cueillir ces petites filles dociles comme des chevreaux et d'une ignorance d'ânons, c'était si simple, il n'avait qu'à souffler « pas un mot à qui que ce soit ou le tennis c'est fini pour toi ». Il savait bien que pour devenir des championnes nous avions tout coupé de ce qui nous constituait, tous les bourgeons, toutes les branches et les boutons, les études, les amours, les films, les livres, les copains. Du coup, sans le tennis, nous n'étions rien du tout.

Or le tennis, pour nous, c'était Régis de Camaret. Régis le magicien sans qui nous n'étions rien, lui dont la main tenait la raquette à la place de la nôtre, lui dont les jambes couraient à la place des nôtres, lui dont la cervelle affûtée forgeait les stratégies seules à même de nous faire gagner. Régis notre vrai créateur, qui nous connaissait mieux que nos père et mère réunis.

Régis notre entraîneur, le meilleur rabatteur dont l'Autre pervers ait jamais pu rêver.

Son plus sûr gage de silence, aussi.

Et d'impunité.

## – 12 –

## RÉPÉTITION

Régis et l'Autre. L'entraîneur. Le pervers. Fameux tandem, quand j'y pense aujourd'hui. Entre l'enclume et le marteau, nous perdions peu à peu la forme qui était la nôtre pour nous couler dans leurs désirs qui étaient au fond identiques : nous briser pour nous modeler, nous vider pour nous posséder. J'ai longtemps cru que mon départ des Marres avait coïncidé avec ma majorité. J'étais partie à dix huit ans, voilà – à la fin de l'adolescence, quand d'autres quittent le lycée. Il aura fallu cette enquête pour que les dates m'assènent leur sèche vérité : j'avais vingt-trois ans moins trois mois lorsque je me suis échappée. Cette affaire-là a duré très exactement neuf ans. Neuf ans, quatre cent soixante-huit semaines, trois mille deux cent quatre-vingt-quinze jours. Pendant ce laps de temps, les autres « 1966 » de l'école des Lauriers et du collège du Moulin-Blanc avaient passé leur bac, vécu leurs premières amours, commencé puis achevé leurs études, elles travaillaient ou pouponnaient – parfois les deux. Nombre d'entre elles s'étaient mariées, beaucoup avaient eu leur premier bébé, certaines leur second, déjà. La préado qu'elles avaient été neuf ans plus tôt leur semblait bien plus étrangère que les autres jeunes femmes de leur âge avec leurs rêves et leurs soucis si semblables aux leurs.

Sur les photos de 1989, j'ai l'air d'avoir quinze ans ; j'en ai vingt-trois. Même jupe courte plissée, même polo Lacoste assorti, mêmes couleurs pastel. Mêmes tablées d'anniversaire – papa, maman, parfois Françoise et son compagnon, Nath, Régis, Édith et son mari. Mêmes titres dans les journaux : « Bravo... Chapeau... Incroyable Demongeot » quand tout va bien, « Les larmes... La colère... La déception d'Isabelle » quand tout va mal. Des centaines, des milliers de coupures de presse, et l'on pourrait dater « 1989 » celles de 1980, personne n'y verrait que du feu. Y compris avec la photo. Et que dire des lettres adressées aux parents ! 1984, 1985, 1986, 1987, 1988, 1989... Je suis à Miami, je suis à New York, je suis à Berlin, je suis à Rome, je suis à Barcelone. Et j'écris : « Lever 6 h 45, les pancakes sont toujours aussi bons, arrivée au club à 8 heures, nous attendons 9 h 30 pour jouer, beaucoup de retard dans les matchs, j'ai pu jouer deux heures sur du dur, Nath ne jouera qu'à 14 heures au lieu de midi, on a mangé des sandwichs au jambon en regardant le match de Valérie contre la Yougoslave tête de série n° 15, mon tableau est sorti, je joue une New-Yorkaise mardi à 15 h 30, ce soir nous venons de manger dans le restaurant de l'année dernière... » Des dizaines, des centaines de feuillets fins comme du papier de soie – pour l'avion – où sont consignées mes journées minute par minute, les mêmes journées dans les mêmes lieux avec les mêmes gens, les mêmes pancakes, les mêmes Big Mac, la même famille d'accueil allemande à Berlin, le même pasteur à Miami, les mêmes trajets en avion, en train, en voiture, aux mêmes dates que l'année précédente et celle d'avant et celle d'encore avant, auxquels succéderont les mêmes exactement l'année suivante, et puis celle d'après, et celle d'encore après. Entre seize et vingt-trois ans, mes années sur le grand circuit sous la conduite de Régis, je n'ai cessé d'écrire à mes parents la même lettre fleuve aux mêmes pauvres détails semblables, qui n'en finissait pas. À relire aujourd'hui ces pages figées dans l'enfance et à feuilleter les dossiers de presse étalés sur mon lit, il me semble voir un manège qui tourne et tourne encore, tourne et tourne sans fin, emportant avec lui dans la ronde des mois et des tournois une passagère blonde au regard vide qui jamais ne descend, tandis qu'une chanson douce et idiote, la même toujours, répète à l'infini : « Pancake, aéroport, cher papa, chère maman, lever à 6 h 45, j'ai joué une heure je jouerai mieux demain j'ai mal joué Régis n'est pas content cher papa chère maman j'ai bien joué Régis est très content chère maman cher papa... »

Pendant neuf ans, j'ai dormi éveillée dans cette répétition d'un temps éternellement cyclique. La même routine prévalait avec l'Autre – cagibi-chariot-sodomie, aire de Barcelone, la main dans la culotte et le coït vite fait avec ou sans routier pour mater derrière la buée, et moi toujours ces yeux fermés ce corps inerte et déserté, ce ventre qui se tait ignorant douleur et plaisir, un vase un récipient un trou où l'Autre besogne tout seul, je suis tellement loin de ce qui se passe là. J'ai entendu dire que certains chirurgiens opèrent leurs patients sous hypnose, sans anesthésie, ça ne m'étonne pas : mon anesthésie à moi a duré neuf ans, enfin pas tout à fait car il fallait le temps de bien m'hypnotiser, au début j'ai eu mal à en crier, parfois aussi, la première année, j'ai eu en bas au creux de moi un ou deux pincements étranges quand il y allait tout doux, frôlement langue de papillon, mon sexe qui s'éveillait, j'ignorais ce que c'était j'ai vite tout verrouillé pour que plus rien n'existe, ni plaisir ni douleur et mon ventre s'est endormi.

Ma vie, mon âme aussi.

*

* *

Non Isa, non, tu le sais bien, non, tu n'as pas toujours dormi, regarde cette photographie, regarde ces yeux élargis prêts à jaillir de ton visage contracté comme un poing, des yeux de faucon, d'épervier, des yeux d'oiseau de proie, la raquette brandie tu te rues sur la balle, rappelle-toi comme tu vivais, dans ces moments-là. Du concentré de vie, tu te savais surhumaine. Tu voyais ce que nul ne voyait, la balle tout là-haut invisible pour l'œil humain, le geste que ton adversaire n'avait pas encore esquissé, le rebond de la balle qui était encore dans sa main. Et ta peau et tes nerfs devinaient la brise près de souffler, et c'est de tout ton ventre que tu rentrais dans la balle, là-devant, au filet, pour lancer ta volée.

Rappelle-toi comment tout commençait, l'entrée dans le vestiaire où il n'y avait plus que vous – Roland-Garros ou Wimbledon, Key Biscayne ou Berlin qu'importe, vous étiez entre vous, les *joueuses du jour* – celles qui « en » venaient, celles qui « y » allaient, et sur les écrans de télévision celles qui « y » étaient. Rappelle-toi comme la vie pulsait, les rires des vainqueurs et leurs claquements de main, la mauvaise perdante qui lançait sa raquette à travers la pièce comme pour couper des têtes, le désespoir muet d'un visage enfoui dans une serviette, les plaisanteries idiotes pour tromper la peur, et les gestes fétiches, envoyer un revers, un smash imaginaire, préparer sa boisson énergétique, faire deux ou trois étirements. Tes mouvements méthodiques quand tu tirais sur le zip de ton sac pour sortir ta tenue, chaque geste comptait dans le cérémonial, chacun avait son rôle dans la lente construction de la bulle qui te ferait gagner. Tu sors ton bandana, tu l'ajustes autour de ta tête et là, seulement, tu te regardes dans le miroir en pied. Te voilà prête. Mais tu ne te vois pas vraiment, tu ne penses qu'à Elle, ton adversaire qui à cet instant même se prépare elle aussi, elle aussi a lacé ses chaussures, elle aussi a ajusté sa jupe par-dessus son polo, vérifié la tension de ses raquettes, choisi celle des cinq avec laquelle elle jouera aujourd'hui. Elle aussi pense à toi. Tu passes en revue tout ce que tu sais d'elle, attaquante ou rameuse, droitière ou gauchère, sa première balle de service, prompte à l'attaque ou lente à démarrer, sa balle est-elle lourde ? Son mental, fragile ?

Une fois, souviens-toi, c'était en 1986, à Wimbledon en huitième de finale, tu as affronté Navratilova, tu n'avais pas encore vingt ans. Un des plus grands jours de ta vie, le garde du corps est venu te chercher, tu t'es levée, tu l'as suivi, les filles t'ont crié pour t'encourager : *« Good luck ! »* Tu étais au vestiaire n° 2, celui des joueuses intermédiaires, Elle était au n° 1, celui des seize meilleures au monde, avec baignoires, théières et domestiques, tu ne l'as donc pas vue quand tu as quitté le vestiaire, toute seule avec ton garde du corps. C'était, bien sûr, le match attendu de la journée, tu étais au-delà de tous les sentiments, au-delà de la peur ou de l'excitation, tu tremblais comme un cheval longtemps enfermé qui a soif de galop. Wimbledon, ton tournoi favori, Navratilova, la plus grande pour toi, vivre un moment comme celui-ci a-t-il un prix ? Rappelle-toi l'entrée sur le court n° 1 avec sa tribune colossale qui dégringole sur le court comme un glacier dans la vallée, l'exquise sensation de l'herbe sous tes pieds, l'herbe, ta surface préférée, ce vert qui vous éclate aux yeux, et ce blanc des tenues, le blanc de Wimbledon.

Wimbledon ou Roland-Garros, rappelle-toi comme tous tes sens vibraient, ces capteurs qui miraculeusement te poussaient sur le corps et qui te disaient tout sans jamais se tromper – le sens du vent et du soleil, le froid, le chaud, la température du public, était-il calme ou déjà passionné, papillonnant ou concentré. Et tout ce rituel, poser le sac et sortir la raquette, puis te diriger vers l'arbitre pour le tirage au sort... Tu la regardais, Elle, tu la palpais, tu la flairais de tous tes capteurs invisibles, puis tu retournais dans ta bulle et marchais vers le fond du court pour prendre possession de ton territoire. Souviens-toi du premier contact avec la balle que te lançait le ramasseur, feutre et caoutchouc sous ta paume, tu sautilles légèrement, tu regardes de son côté à Elle...

Un match de tennis du Grand Chelem ne dure pas deux heures, pas plus qu'un soixante mètres ne dure six secondes et des poussières, ou un quatre cents mètres nage libre quatre minutes et quelques aux J.O. Ce n'est pas de durée que sont faits ces moments-là mais de densité, de poids, d'épaisseur. *« Time ! »* crie l'arbitre, et le temps disparaît. Retour de service : elle a frappé, la balle vole à 170 km/h, combien de centièmes de seconde entre l'impact sur sa raquette et le rebond sur le court ? Un clignement de paupières, mais pour toi un long ralenti dont nulle image ne t'échappe, ni cette légère rotation du poignet, ni cette imperceptible inclinaison de raquette où tu lis le point d'impact sur le court, ni cette balle minuscule si loin là-bas, de son côté, et qui grossit, grossit, en même temps que tu écarquilles les yeux, qui prend soudain la vitesse d'un boulet de canon, mais ton regard ne la lâchera pas car elle t'appartient. Tu es là, tu l'attends, tu l'as vue rebondir avant qu'elle n'ait touché le sol et tu frappes, et le haut de ton corps ne lui cède rien, il traverse la balle, le coup est pur, parfait, la balle t'obéit au millimètre près, elle fait partie de toi, le public exhale un « hhhha » discret, émerveillé, il te souffle qu'il a compris, il exulte avec toi. Ton adversaire n'a rien pu faire, les applaudissements éclatent, ton public est debout...

Je ne sais pas combien dure un instant comme celui-là, mais je sais que pour pouvoir vivre « ça », des championnes dont j'étais sont prêtes à tout sacrifier. Elles le sont d'autant plus si ces moments ne sont jalonnés que de vide...

Certains ne l'ont hélas que trop bien compris.

Quand j'y repense aujourd'hui, c'est ce vide de ma vie d'alors qui me saute au visage – en dehors du tennis, bien sûr. Un vide fièrement assumé, revendiqué, même. Dans mes interviews, je m'en vante, j'en remercie mon entraîneur, et je ne trouve pas de mots assez durs pour celles qui ne partagent pas avec moi, avec nous, l'honneur immense d'avoir un tamis plein de trous à la place du cerveau et pour fiancé un chariot rempli de balles jaunes. Je relis ces propos que j'ai tenus à vingt ans pour *Tennis de France*, je ne sais si je dois en rire ou en pleurer : « Pour nous, rien n'existe à part le tennis. Régis de Camaret, notre entraîneur, est intraitable sur ce point... Nous avons une dette envers lui et c'est pourquoi nous sommes parfaitement sérieuses. Il ne veut pas qu'on sorte, pas question d'avoir un petit ami. Il a investi gros, il ne veut pas que ça "rate" pour des bêtiscs. » Ailleurs, je confie en me rengorgeant que Régis me téléphone chaque soir à 23 heures pour vérifier que je ne suis pas sortie... Nath n'est pas en reste, qui célèbre avec conviction les vertus du « coucher tôt » et des « nuits tranquilles » imposés par Régis au Refuge. Nathalie Herreman, une fêtarde qui n'a vraiment pas à rougir de sa carrière, nous regarde d'ailleurs avec une sorte de gêne : « Je ne pourrais pas faire ce que fait Isabelle Demongeot... Moi j'aime sortir, j'aime m'évader. Je vais dans des boîtes de nuit, dans des soirées d'étudiants, je ne reste pas chez moi à regarder la télé quand je ne suis pas en période de tournois. Je trouve ça bizarre que beaucoup de filles se privent de s'amuser... »

Moi, non seulement je ne me plains pas d'être tenue sous cloche et coupée de la vie : j'applaudis des deux mains. J'ai vingt ans. Pour les filles du circuit, je suis une drôle de nunuche qui croit sûrement encore que les bébés naissent dans les roses et les choux, vu mes airs de coincée dès qu'on parle de cul – en tout cas, une obsédée à la conversation des plus limitées hors de ses histoires d'ace, de volée et de tie-break. Les petits amis des unes et des autres défilent : moi rien. À moins d'être l'homme invisible, on se demande d'ailleurs bien comment le moindre mâle pourrait m'approcher, avec mon entraîneur qui me colle aux semelles et gère jusqu'à ma digestion et ma respiration. Tant pis pour le malheureux moniteur de ski tombé fou amoureux de moi, lors d'un voyage de presse à La Plagne organisé par l'association « Pro Elle Tennis ». Vingt ans plus tard, quand j'y repense, c'est évident : il me plaisait, ce moniteur dont j'ai oublié le nom. Beaucoup, même. J'aurais bien aimé profiter de ce court séjour en montagne pour dévaler les pistes avec lui, du premier télésiège au coucher du soleil. J'avais vingt-deux ans, envie de flirter et de skier. Les autres joueuses présentes ne s'en sont pas privées, qui ont enchaîné les descentes et les boîtes de nuit. Dans le long reportage publié par *Tennis de France*, les photos se succèdent, Nathalie Herreman (dossard n° 1), Pascale Paradis (dossard n° 3), Julie Halard (dossard n° 7) en plein slalom, face à la pente, flexion-extension impeccable... Et puis il y a Nath, tirant sa luge. Et Demongeot, immobile sur ses skis qu'elle a loués pour la photo. Pas de slalom pour les Tropéziennes. Ni de flirt avec mon moniteur. Allez, viens skier avec nous ! Les filles m'exhortent, insistent, ne comprennent pas, on croyait que tu aimais tellement le ski ? Le moniteur s'étonne, les journalistes aussi, la rumeur dit pourtant que j'ai failli faire ski études... Je décline, non non, franchement, j'ai pas envie, allez-y sans moi. Je ne mens même pas en disant ça : j'ai si peur de tomber que le désir même de skier s'en trouve annihilé. Statue du Commandeur, mon entraîneur est à deux pas derrière, muet et vigilant, il me l'a assez répété : *danger*. Prendre le risque de se casser une jambe ou un bras à quelques jours de la tournée américaine ? C'est de la folie, je le sais, ça ne serait pas pro, c'est bon pour les filles de la Fédé, les fonctionnaires du sport qui roulent tous frais payés. Nous on est du privé, nous on n'a pas le choix, on a un devoir d'excellence, quand on prétend jouer au tennis en pro on ne fait pas de ski, on ne pose pas de baisers doux dans le cou du moniteur, on ne crie pas « Alexandrie-Alexandra » sur la piste de danse avec nos concurrentes, on a bien mieux à faire que de batifoler avec nos adversaires, par exemple étudier leurs failles, mettre au point une stratégie pour les battre sur le prochain tournoi. On n'est pas là pour s'amuser. On est là pour gagner. C'est la loi du privé.

Cette loi, je l'ai si bien assimilée depuis l'âge de onze ans que j'en suis peu à peu devenue le porte-drapeau. Malheur à qui s'aviserait d'émettre une objection : je tire à vue. Les journaux se régalent de mes coups de gueule contre la Fédération, « Isabelle en colère », titre celui-ci, « Elle n'est pas contente et elle le dit ! » Qu'ai-je donc à lui reprocher, à cette FFT qui chaque année me fait avec constance les mêmes appels du pied – venez nous rejoindre, Isabelle, venez vous entraîner au CNE, nous vous accueillons à Roland-Garros, vous serez nourrie et logée, vous vous entraînerez gratis avec les meilleurs coachs de France, quittez Saint-Tropez et les Marres, quittez Régis de Camaret, il est temps de vous professionnaliser ? Qu'ai-je à reprocher à Patrick Favière ou à François Jauffret qui m'entraînent sur les tournois où je joue en équipe de France ? Qu'ai-je besoin de proclamer partout que « payer les frais de sa poche est une motivation », que « changer de coach à chaque tranche d'âge est une aberration », qu'« à la Fédé, un entraîneur se contente de toucher son salaire comme un fonctionnaire et qu'il se fiche bien du résultat » ?

La guerre privé/Fédé n'est pas une nouveauté, c'est vrai. Et depuis que je joue sous la bannière du tennis-club de Saint-Tropez, les raisons de m'indigner ne m'ont pas manqué – je nous revois, quelques dollars en poche, quitter l'hôtel pour affronter la neige et la nuit de Chicago, nous allions chercher un McDo tandis que les demoiselles de la Fédé se régalaient de steaks ou de poulet/haricots verts, bien au chaud dans leur salle de restaurant. Nous sautions parfois un déjeuner ou un dîner, remplissant au passage nos poches de barres vitaminées offertes aux joueuses par l'organisation de tel ou tel tournoi. Je nous revois entassées à plusieurs dans des bouges à Eastbourne, Wimbledon, tandis que ces demoiselles de la Fédé se prélassaient dans leurs beaux hôtels tout confort. Nous devions tout payer nous-mêmes, pour elles tout était gratuit sauf les repas, et nous avions beau jouer aussi bien ou mieux qu'elles, la Fédération ne nous donnait pas un sou. C'était un peu injuste, oui, tout comme était injuste de nous voir souvent préférer des joueuses de moindre niveau pour aller représenter la France en équipe... Mais ces privilèges-là, rien ne m'interdisait, après tout, d'aller en profiter. Au lieu de quoi, pendant près de dix ans, j'ai été la gardienne de ma propre prison.

Mille fois, j'ai eu l'occasion de quitter Saint-Tropez. Pour la Fédération, mais pas seulement : à l'issue de mon plus beau match contre Steffi Graf, à Mahwah, son père m'a proposé de m'entraîner. J'ai toujours refusé, proclamant à tous les vents que rien ni personne, jamais, ne me ferait quitter le meilleur entraîneur du monde, le seul, l'unique, Régis de Camaret. Vingt ans plus tard, je retrouve dans ces discours si vibrants de colère les mots que ledit entraîneur ne cessait de nous répéter : ces gens sont des mauvais, ils vont te casser ton revers, surtout ne les écoute pas, ils veulent que tu perdes, ils feront tout pour ne pas te sélectionner, tu sais bien qu'ils ont peur de moi, ils savent que je suis le meilleur, ce ne sont que des fonctionnaires, là-bas chez ces gens-là une joueuse chasse l'autre alors que moi je t'ai fabriquée, je te connais par cœur, tu as encore tellement à progresser, si tu me laisses faire tu iras si haut, tu dois me faire confiance, si tu me quittes pour ces gens tu auras tout perdu, ton tennis, ta carrière, tu vas tomber, tu le sais pourtant bien que sans moi tu n'es rien...

Il avait raison, j'en étais sûre. Hors le tennis qu'il m'avait inculqué, il ne restait plus rien de moi dans ces cinquante-six kilos de muscles et de nerfs portant le nom d'Isabelle Demongeot. Qu'il vienne à disparaître de ma vie, et je me serais affalée comme une marionnette dont on coupe les fils. Tout, plutôt que cette mort qui me terrifiait. Tout, même la trilogie cagibi-chariot-sodomie et les yeux fixes des routiers dans la nuit. L'Autre l'avait très bien compris. Les choses auraient pu continuer ainsi à l'infini... si la ronde des mois et des tournois qui m'emportait dans mon rêve éveillé ne s'était peu à peu déréglée.

## – 13 –

## DÉRÈGLEMENT

Faire perdre l'adversaire. Comme l'espion de la Stasi dans *La Vie des autres*, l'observer des heures et des heures, de préférence à son insu, pour tout savoir de lui, gestuelle et caractère, ses tics et ses travers, ses plus petites failles, ses manies les plus anodines. Entre deux matchs de tournoi, au lieu d'aller faire du shopping ou visiter la ville, l'épier derrière le grillage tandis qu'il s'entraîne. Apprendre le lexique de son corps, la syntaxe de son mental, le posséder, le disséquer et concevoir sa perte avec ordre et méthode, élaborant une patiente stratégie. Bâtir le match sur la faiblesse de l'autre, et non sur ses propres envies. Cet art consommé de la manipulation, qui transforme le court en arène et l'adversaire en proie, Régis de Camaret le possédait au suprême degré. Et c'est avec une patience obstinée qu'il s'est évertué à nous l'inculquer. Ça n'allait pas de soi, car à douze, quinze ou dix-huit ans, on trouve bien plus amusant d'épater la galerie en exhibant tous ses talents que de pousser l'autre à la faute en prenant bien son temps. Du moins était-ce mon cas.

Gauche, droite, gauche, droite, le Doigt décrit un arc, et au-dessus du Doigt il y a la moustache, elle-même surmontée d'un œil qui me fusille – ou plutôt me torpille. Le Doigt m'intime de rester au fond du court, de ne pas avancer, de « lui » renvoyer sa balle indéfiniment, toujours au centre, sans donner d'angle, quitte à ennuyer tout le monde, à commencer par moi, et aussi l'autre en face, et tout le public du stade dont les paupières commencent à s'affaisser, toc-han, toc-han, toc-han, fais dodo, Colas mon petit frère... Gauche, droite, gauche, droite, fais des ronds, elle va finir par craquer et après, tu pourras y aller. Pour l'heure, elle ne craque pas du tout, c'est plutôt moi qui ne vais pas tarder à perdre mes moyens, bon sang, le tennis c'est pas ça ! Je sautille, je grille, je peine à retenir mes jambes qui ont faim de courir, mon bras s'ennuie, toc-han, toc-han... Mes yeux évitent soigneusement le Doigt et la moustache, et si j'y allais maintenant pour la cueillir comme ça, sans prévenir, à contretemps ? Mon corps hurle d'envie, je suis près de foncer, mais une brusque suée me mouille le dos et je reviens au Doigt. Gauche, droite, gauche, droite, continue, n'y va pas, j'ai peur, il me l'a assez dit d'attendre alors je ne bouge pas, je reste là, enchaînée au fond de mon court comme un galérien à son banc. Jusqu'au moment, bien sûr, où elle commence à s'énerver et à perdre patience, c'est le moment d'en profiter, elle me l'offre sur un plateau cette volée mais un fragment de seconde j'hésite et c'est le fragment de trop, me voilà mal placée pour la suite, j'ai le corps en déséquilibre et la balle s'égare dans le couloir du double. FAUTE !

« Demongeot n'a pas assez attaqué. » « Il faut que Demongeot apprenne à monter au filet. » « Demongeot doit prendre confiance... » En ces années 1987-89, c'est la nouvelle sérénade que me jouent les journaux : je joue trop fond de court, je n'y vais pas assez, j'ai peur. Pour qui ne me connaît pas, ce n'est qu'une banale évidence, soulignant un défaut – ou une stratégie – des plus répandus. Ces temps-ci, les rameuses de fond de court qui se nourrissent de la faute de l'autre se multiplient comme des petits pains tandis que les pugnaces, les tigresses, les volleyeuses, les mordues du spectacle amoureuses du risque se comptent sur les doigts d'une, ou peut-être deux mains. C'est ainsi, c'est l'époque.

Sauf que me concernant, c'est le monde à l'envers. Des années à me voir reprocher mes attaques... pour me retrouver à vingt ans taxée de frilosité ! C'est que le Doigt est passé par là. Le Doigt qui, au fil des années, a peu à peu fini par m'imposer sa loi. Pas tout à fait pourtant – je ne suis pas à l'aise à l'arrière, je m'y sens en prison, alors j'essaie de m'échapper, je monte à la volée... à contretemps, souvent. Terrorisée à l'idée de rater, il m'arrive aussi de rester vissée au fond de mon court, avec l'obstination idiote d'un chien qui bouderait l'os à moelle posé sur le gazon pour mâcher un bout de bois, terré dans sa niche. Ce qui ne m'empêche pas, lorsque se relâche la pression du Doigt, d'étinceler soudain quand on ne m'attend pas contre une Maleeva Manuela classée 6e mondiale. 1988, Genève, je la bats en deux sets, 7/5, 6/4, en faisant le grand show : amorties, volées, smashs, revers et coups droits le long de la ligne, en diagonale, balles liftées, slicées... Toute ma panoplie y passe, quel bonheur de jouer comme « moi » et non comme « on » attend de moi, de puiser à ma guise dans le bel arsenal technique que je me suis ciselé à force de répéter tous les coups...

*
* *

C'est en 1986 que Nath est passée devant moi aux classements national et WTA[1]. L'année d'avant, nous nous tenions dans un mouchoir de

1. *Women's Tennis Association.* Il s'agit du classement mondial de l'Association des joueuses de tennis.

poche – moi 8e, elle 9e. Mais en 1986, elle a gravi six places, et moi quatre seulement. Elle 3e, moi 4e... Un an plus tard, les rôles s'inversaient et je repassais devant. N'importe : les temps avaient changé et je ne pouvais pas me raconter que ça allait de soi. Depuis son arrivée aux Marres, en 1981, j'avais toujours vu Nath comme une sœur cadette à pousser et tirer, bien qu'un an à peine nous sépare. Je ne la précédais pas seulement dans les classements : alors qu'elle en était encore aux petits affrontements locaux, j'étais partie en éclaireuse sur la route des grands tournois, accompagnée d'un Régis aussi novice que moi. Lorsque à son tour elle s'était lancée sur le circuit, nous l'avions déjà balisé, et j'avais eu la fierté de l'y initier en aînée avertie et expérimentée. 1981-1986 : pendant cinq ans, j'avais joué le rôle de locomotive, la tirant après moi dans la longue ascension vers le haut niveau. Moi devant, elle derrière, nous montions. Et voilà qu'elle m'avait rattrapée, mieux, devancée. En ai-je éprouvé de la jalousie ? Consciemment, je peux certifier que non. Après, les arcanes de l'inconscient sont une autre histoire... Dans mon souvenir, sa réussite me remplit de joie – en même temps qu'elle m'ébranle en profondeur. Car le succès de Nath, c'est aussi le succès d'une méthode, celle de Régis de Camaret, qu'elle a toujours suivie avec la plus parfaite obéissance, sans jamais protester. Fond de court, renvoyer, faire des ronds, faire déjouer l'autre, profiter de sa faute, son tempérament plutôt indolent s'en accommodait assez bien. À l'inverse du mien, qui n'y parvenait qu'à grand-peine, en se faisant violence. Pour que le spectacle soit beau de part et d'autre du filet, j'étais prête à risquer ma peau – quitte à perdre, ce qui est idiot. Elle ne voulait que gagner.

Quoi qu'il en soit, depuis son arrivée aux Marres, nous avions toujours eu droit, Nath et moi, à la même ration d'engueulades. « Bouge ton cul » à l'une, « Ferme ta gueule » à l'autre. Mais tandis qu'elle laissait passer l'orage en courbant les épaules et se recroquevillant, je tempêtais, je trépignais, sentant de toutes mes fibres que si je capitulais, je trahirais ce qu'il y avait de plus vrai, de plus précieux en moi. J'étais une attaquante, il avait beau vouloir m'en empêcher, je savais que ma vérité était là, au filet. Et voilà qu'in fine, l'obéissance avait payé : avec son jeu prudent 100 % *made in* Camaret, Nath faisait à présent aussi bien, voire mieux que moi. Avais-je eu tort de résister, aurais-je dû céder comme elle l'avait toujours fait ? Pour Régis, la question ne se posait même pas : le succès de Nath la docile signait le triomphe absolu de son enseignement. Pour réussir, je devais m'incliner. Du jour où Nath m'a dépassée, c'est ce qu'il n'a cessé de me répéter : « Tu vois, qu'est-ce que je te disais... Tu as voulu n'en faire qu'à ta tête, total toi tu es *out*, et Nath est en demi-finale. » Plus que jamais, j'étais l'ingrate pour qui on se décarcassait et qui foutait tout en l'air par ses états d'âme. Sauf qu'à présent, l'opprobre se concentrait sur moi, Nath la bonne élève me laissant me dépatouiller toute seule, en quoi elle avait bien raison : elle avait beaucoup mieux à faire.

C'est ainsi que le trio a changé de configuration. Pendant cinq ans, nous avions été deux sous la coupe d'un ; désormais, j'étais la rebelle face à eux deux. Car fidèle à la petite voix qui criait en moi, je n'en démordais pas : j'étais une attaquante, une pure attaquante. Mon entraîneur avait le devoir de me pousser dans ce sens, puisque c'était le mien ! Élémentaire, non, mon cher Watson ? Ce qui voulait donc dire : travailler mon physique. Acquérir davantage de puissance. De la détente, de la rapidité dans les jambes. Régis, évidemment, ne pouvait pas m'apporter ça : ce n'était pas son métier. Régis, c'était le tennis pur, la technique et la stratégie.

– Je veux un entraîneur physique !

– Pas question.

– Pourquoi ?

Les réponses variaient : « Parce que ça sert à rien. » « Travaille d'abord ton tennis, on en reparlera ! » « Il risque de t'abîmer... » « Ton problème à toi, il est dans ta tête, pas dans tes jambes ! »

En tout cas, le sens était clair : non. Pas de problème : s'il voulait en rester au tennis et rien qu'au tennis, je ne manquais pas d'argument.

– Alors, au moins, fais-moi travailler mon revers chopé !

Le chop consiste à frapper la balle de haut en bas avec accompagnement. On s'en sert surtout pour monter au filet. Moi, il se trouve que mon truc fétiche était le revers lifté à une main. Tout le monde me l'a toujours envié – même Yannick Noah. Revers chopé : ça paraissait logique, pour améliorer mon jeu d'attaquante. Incontournable, même.

– Non !

– Pourquoi ?

– Pour l'instant, aucun intérêt, ou tu vas perdre ton revers lifté. On verra ça en temps voulu.

Sauf que j'avais vingt, vingt et un, vingt-deux, vingt-trois ans... En temps voulu, ça voulait peut-être dire à l'hospice ? Quoi qu'il en soit, si je voulais gagner, je n'avais pas le choix : je devais me couler dans le moule...

J'enrageais. Mes sautes d'humeur, mes inégalités devenaient proverbiales. Obéir au Doigt ou à ma petite voix ? *That was the question.* Ramer au fond du court ou attaquer ? Pousser l'autre à la faute ou m'exprimer ? Écartelée entre deux devoirs contradictoires, je donnais le pire et le meilleur au cours d'un même match, tantôt commençant Austerlitz pour finir Waterloo, tantôt l'inverse. Les états d'âme de Demongeot... Personne n'y comprenait rien – ni mon public, ni les journalistes, encore moins mes parents.

*
* *

« On devrait peut-être trouver quelqu'un pour lui faire travailler son mental ? »

Pauvre papa, pauvre maman. Pour en arriver là, il faut vraiment qu'ils ne sachent plus à quel saint se vouer. Avant d'en parler à Régis, il en aura fallu, des heures de discussion et des semaines d'hésitation, à demander conseil à X, Y ou Z. Et des matchs sabordés dont les scores absurdes disent à l'évidence que, décidément, quelque chose ne tourne pas rond. Lors d'un des derniers en date, Wimbledon 1988, j'affronte Helena Sukova, n° 6 mondiale, au premier tour. Le premier set, elle me le prend, mais difficilement : 7/5. Au deuxième set, je la pulvérise, que dis-je, je la ratatine : 6/1 ! Je ressens encore le délice de ce timing parfait, je suis agressive, je mène la danse, c'est exquis, reste le troisième set... et je m'écroule, 6/2, je m'atomise, comme ces personnages qui se transforment en petits dés dans les pubs pour le téléphone mobile ou pour Internet... Même topo à Nice en juillet, je suis à deux doigts de battre Cecchini, la n° 18 mondiale, 6/3 pour moi au premier set, elle est en nette difficulté, 6/1 pour elle dans le deuxième, à mon tour d'être liquéfiée, et voilà qu'au troisième, je mène 5/3, plus qu'un jeu et c'est la victoire, la finale qui m'attend... Non : double faute sur une balle de match, mon service qui tombe en panne, et mon coup droit itou, la finale est pour Cecchini. Pas pour Demongeot. Comme d'habitude...

Régis regarde papa d'un air narquois. On le sent prêt à lui éclater de rire au nez. Mais non, il se contente de tapoter la tête de Tchikita allongée près de sa chaise longue.

Vaillante, maman prend le relais :

– Non, parce que vous comprenez, Régis, on commence à se poser des questions, depuis le temps, elle est toujours à deux doigts de gagner et elle ne gagne jamais. On dit « le déclic va venir », mais en attendant, elle est en train de perdre confiance et...

Je ne quitte pas Régis des yeux, il a un petit rire silencieux avec une moue de commisération qui veut dire : « Allons, Claude, voilà que vous tombez dans ces sornettes, vous aussi... »

Je bondis de mon transat en marmonnant : « Je vais me chercher un autre Coca » et je file vers la cuisine, attrapant la minette qui est venue se frotter contre mon mollet nu. Je sais d'avance ce qu'il va dire, cette conversation ne mène à rien, c'est évident. J'attrape une canette, je claque avec mon pied la porte du frigo et je sors sur la terrasse, la minette serrée contre moi. Pas un souffle d'air, les roses trémières se tiennent immobiles sous le ciel d'un bleu qui arrache l'œil, les cigales crissent avec violence, je reconnais dans le lointain la voix de Régis. Curieuse malgré tout, je m'assieds sur le muret de pierres sèches pour entendre ce qui se dit. La chatte ronronne dans mon cou.

– ... Affaire de volonté, c'est tout. Et de travail. Les psy machin, le mental, c'est foutaise et compagnie ! Tout le monde s'en gargarise parce que c'est à la mode, mais faites-moi confiance, c'est de l'argent jeté par les fenêtres.

Papa hoche la tête, ébranlé. Maman insiste, par acquit de conscience :

– Tout de même, avec les J.O. qui approchent... Vous ne pensez pas que si elle voyait quelqu'un... oh, pas longtemps ! Juste un petit coup de pouce, histoire d'arriver bien confiante à Séoul...

Alors qu'il se penche pour attraper sa citronnade, Régis m'aperçoit et me fait signe de venir.

– Approchez, les minettes... Alors, il paraît que t'as besoin d'un gentil gourou pour te remettre d'aplomb dans tes baskets ?

Je lève les yeux au ciel. Il y a des jours, je le tuerais. Il insiste.

– Claude, Gérard, écoutez-moi bien... et toi aussi, Isa. Le tennis de compétition, il n'y a pas de mystère : c'est 50 % boulot, 50 % technique. Et comme la technique, ça s'acquiert avec le boulot, ça fait 100 % boulot. C'est pourtant pas compliqué, non ?

Papa et maman échangent un regard indécis. Il enfonce le clou :

– Tout ça, c'est une question de volonté. Isa joue à 50 % de ses possibilités. Le jour où elle se décidera à jouer vraiment pro, les résultats seront au rendez-vous. Aussi simple que ça.

– Mais qu'est-ce qu'elle peut faire de plus ? soupire maman.

– Elle le sait très bien...

Je savais très bien, oui, sauf que je n'étais plus du tout sûre d'y croire. Du jour où Nath m'avait dépassée, j'avais commencé à me poser des questions. Elle progressait, pas moi. L'enseignement de Régis était-il adapté à mon tempérament ? Et aussitôt, quelque chose s'était cassé. Quoi ? Je n'aurais su le dire. Ma confiance, pas exactement, ma foi, peut-être, ou mieux encore une sorte de pensée magique qui m'avait habitée depuis toujours : Régis sait tout de toi, il te connaît mieux que ton père, mieux que ta mère, il sait ce qui est bon pour toi, sans lui tu n'existerais pas... Le doute s'était instillé en moi. Et s'il se trompait ? Pire, s'il ne cherchait qu'à me casser, à m'empêcher de progresser, pour garder son emprise sur moi ? Et si ailleurs, quelque part dans le monde, d'autres entraîneurs existaient qui seraient prêts à m'écouter, à m'apprendre le revers chopé, à me laisser monter au filet, qui sait, peut-être même à m'y encourager ? Et s'il existait une vie hors de Régis de Camaret ?

C'en était bel et bien fini de la ronde immuable des mois et des tournois. À bientôt vingt-deux ans j'avais perdu le rythme, je n'arrivais plus à tourner. Un mois plus tard, à Séoul, un nouveau monde s'ouvrirait à moi : avec Nath mais sans Régis, auquel le règlement des J.O. interdisait de nous accompagner, je vivrais dix jours d'escapade aux côtés des meilleurs athlètes français flanqués de leurs entraîneurs. J'y ferais connaissance avec Jean-Claude Perrin, le coach physique dont je rêvais. Entourée des Forget, Leconte, Loth, Santoro, j'y côtoierais au quotidien François Jauffret et je prendrais vite goût à son exquise courtoisie, à sa respectueuse pédagogie.

Je n'allais pas tarder à tomber du manège.

– 14 –

# GRAND SAUT

C'est au 89, rue de la Citadelle, que j'ai pris mon élan pour sauter du manège. Un jour, j'ai emprunté cette rue comme je l'avais fait si souvent, enfant, en rentrant de l'école pour rejoindre le magasin de mes parents. Comme d'habitude, je suis passée sous l'arcade, ça grimpait sec vers la sempiternelle cascade de bougainvillées qui semble tomber du ciel bleu, tout en haut. Au lieu d'aller embrasser maman au magasin, je me suis arrêtée au n° 89. Pour accéder à ce numéro, il fallait pousser un portail vert et s'engager sur une minuscule allée pavée encaissée entre deux maisons. Au fond, à quelques mètres, la porte de bois surmontée d'une lucarne évoquait une maison de poupée ou de conte de fées.

J'avais rendez-vous avec Caroline Huet pour un massage. Événement en soi anodin, comme d'aller faire une heure de musculation, ou de suivre un cours de salsa. Pour n'importe qui, oui, mais pas pour moi. Car ce rendez-vous marquait notre première transgression commune, à mes parents et moi, de la sacro-sainte Loi Camaret. Malgré l'opposition absolue de Régis, papa et maman n'en avaient pas démordu : j'avais besoin d'une aide extérieure pour me sortir des blocages psychologiques qui me faisaient végéter dans les classements. Tandis que Nath finissait cette année 1988 au rang de première française, je venais de glisser de la deuxième à la troisième place. La malchance des tirages au sort y était pour beaucoup, qui m'avait fait affronter Pam Shriver, n° 3 mondiale, au premier tour du tournoi d'Eastbourne, Helena Sukova, n° 6, au premier tour de Wimbledon ou encore Chris Evert au troisième tour de Montréal. Sur mes 17 défaites, 16 m'avaient été infligées par les meilleures mondiales. Loin d'en rougir, j'estimais avoir fait une très belle année. Si le comptage des points en simple ne m'était pas favorable, j'avais eu droit à la plus flatteuse des consécrations, lors de ces fameux Masters de doubles à New York où Nath et moi nous étions fait éliminer dès le premier tour : Martina Navratilova, la grande Martina en personne, m'avait réclamée comme sparring partner[1].

1. Joueur servant, à l'entraînement, d'adversaire à un joueur qui prépare un match.

En l'absence de Régis et Nath, rentrés en France par le premier avion, et sans enjeu autre que le plaisir de jouer, toutes les audaces m'étaient permises : j'y étais allée de mes plus beaux coups – du service boulet de canon à 182 km/h au revers à une main. À mes yeux, je l'avoue, ce dialogue tennistique pour l'amour de l'art avec la plus grande joueuse du monde valait une victoire au tournoi. Pas à ceux de mon entraîneur. Ni à ceux du milieu sportif.

« Tu ne peux pas continuer comme ça. » Le sujet n'avait cessé de revenir sur le tapis, tandis que mes parents et moi écumions les rues bordées de gratte-ciel dans le froid de novembre. En récompense de leurs bons et loyaux services, je leur avais offert ce voyage à New York, le premier de leur vie. Ma défaite avait au moins eu ce mérite de me laisser du temps pour les guider à travers la ville enneigée, parée de mille feux à l'approche de Noël. World Trade Center, statue de la Liberté, Central Park, grands magasins, ils avaient eu droit au grand tour. « Il faut que tu consultes quelqu'un. » Consolider ce mental défaillant après lequel mon entraîneur ne cessait de vitupérer, je ne demandais pas mieux. Je n'ignorais pas que Régis me le ferait payer à sa façon, en diminuant ma ration quotidienne d'entraînement. Mais je le sentais au plus profond de moi : quelque chose *devait* changer. J'étais prête à prendre le risque. De retour à Saint-Tropez, mes parents en avaient touché quelques mots à mon kiné, qui leur avait suggéré le nom de Caroline Huet. Aux dires de ses patients, Caroline n'était pas seulement masseuse, elle avait l'art de vous caresser l'âme du bout de ses doigts merveilleux – sa longue pratique du yoga, sans doute. Pourquoi ne pas essayer ?

Le cabinet de Caroline baignait dans une agréable pénombre et fleurait bon l'encens. D'emblée, je m'y suis sentie à l'aise. Des deux premières séances, je ne garde le souvenir que d'un bien-être presque surnaturel ; à peine m'effleurait-elle, une chaleur inconnue se mettait à irradier de mon corps et mon esprit se détachait de tout. Elle me proposa de suivre les cours collectifs de yoga qu'elle donnait plusieurs fois par semaine, dans la maison qui jouxtait le cabinet. J'acceptai avec joie, grisée de cette audace qui me faisait dérober au tennis deux heures par semaine pour ne penser qu'à moi – ou plus exactement, ne plus appartenir qu'à moi.

Nos séances de yoga se déroulaient en fin de journée ; ma sœur Françoise s'y joignait parfois. Qu'ils étaient loin, le cagibi aux balles et la tyrannie de Régis de Camaret ! Dans cet univers tout de douceur féminine, de grâce, de propreté, petit à petit, je me réconciliais avec mon corps. De plus en plus souvent, des bulles de sensations, des frémissements d'émotion, vestiges d'un temps oublié, me parcouraient à l'improviste. Comme si j'étais en train de m'éveiller d'un long sommeil.

Jusqu'au soir où *ça* m'a pris. J'étais en train de dîner tranquillement à la table familiale, et soudain une écluse, un barrage dont j'ignorais l'existence s'est rompu. Un flot d'images s'est déversé sur moi, ça pleuvait de partout, je ne pouvais plus respirer. Le chariot, le chariot, je voyais le chariot et l'Autre en train de me besogner par-derrière, et moi je me voyais inerte, à plat ventre sous lui, endurant cette douleur à crier, *ça ne peut plus durer*, les aires d'autoroute et les yeux des routiers, et moi les yeux fermés à la place du mort avec cette grosse main d'homme dedans, *assez*, et les bilans de match qui finissaient toujours de la même façon, quand il faisait glisser son pantalon de survêtement et me renversait sur le lit, *assez je ne peux plus subir ça une minute de plus*. C'était d'une telle violence, je me suis levée de mon siège sous les yeux ébahis de mes parents, je me suis ruée dans l'escalier, *il faut que j'en parle à quelqu'un ou je vais me mettre à hurler*, j'ai couru dans ma chambre, j'ai renversé mon sac pour trouver mon carnet d'adresses, *vite le téléphone*, je me suis engouffrée dans la chambre de mes parents, et j'ai arraché le combiné du téléphone mural, *allô, Caroline ?* Je haletais comme après un quatre cents mètres, *je dois vous parler, c'est urgent*.

Elle n'a demandé aucune précision, elle a seulement dit : demain à midi à mon cabinet. Comme si ça ne l'étonnait pas, comme si elle s'attendait à ça, comme s'il était prévu depuis toujours que cette troisième séance donnerait le signal du raz de marée.

Comment j'ai survécu cette nuit-là, comment j'ai échappé à la noyade dans ce flux nauséabond d'images et de sensations, je ne saurais le dire, je me souviens seulement que ça n'en finissait pas de jaillir, ça fusait de partout, Palm Springs, Key Biscayne, Rome, Berlin, Roland-Garros, Wimbledon, le cagibi, les aires d'autoroute, ça pulsait de toutes les années, 1980, 81, 82, 83, 84, 85, 86, 87, 88, pas seulement les images mais aussi les sons, les odeurs, la moindre sensation, douleur, tiraillement, déchirement, odeur de sueur, de dent cariée, de balle de caoutchouc, tout ce que j'avais réussi à aseptiser, chloroformer, boucler dans des casiers étanches pour ne plus jamais le voir ni le ressentir, ça s'était échappé et ça revenait à l'assaut de moi tout entière, corps et conscience arrachés au sommeil et enfin réunis.

Comment, le lendemain matin, j'ai réussi à me traîner aux Marres pour y suivre mon entraînement, à blaguer avec Nath, à faire mes gammes de coups droits sous les quolibets de Régis, je ne saurais le dire non plus. Mais il me semble encore sentir l'air frais de janvier mordiller mon visage tandis que je remonte la route des Plages sur mon scooter, pleins gaz, pour filer à mon rendez-vous, j'entends encore dans ma tête le compte à rebours, plus que cinq minutes et j'y suis, plus que trois minutes et je lâche tout, place des Lices, rue Gambetta, rue de la Citadelle...

Et là, à peine étais-je assise face à Caroline sur les coussins épais posés à même le sol de son cabinet, que tout est parti, pour la première fois j'ai dit dans un déluge de larmes et secouée de hoquets, *ça fait huit ans que je me fais abuser par mon entraîneur et que je ne dis rien, que personne ne le sait et maintenant ça ne peut plus durer, je vais devenir folle, il faut que je m'en aille, il faut que vous m'aidiez à le quitter.*

*
* *

– Isa... Ouvre, c'est moi.

La voix se veut persuasive, timbre feutré, il est derrière le battant de la porte, il a cogné trois coups légers. Je me fige sur mon grand lit *king size*, pas un bruit, surtout pas un bruit, il faut qu'il croie que je ne suis pas là.

– Isa ? Tu es là, je sais. Ouvre, s'il te plaît !

Je tourne lentement la tête, avec d'infinies précautions, comme s'il risquait d'entendre le léger craquement d'une de mes cervicales. Mais c'est absurde, mon cœur tambourine déjà comme un cheval au galop, je ne peux croire qu'il ne l'entende pas de derrière son battant.

31 mai 1989, nous sommes au Concorde-Lafayette, à la Porte Maillot, je viens de sortir de

ma douche, mes cheveux gouttent sur la serviette blanche dans laquelle je me suis enroulée. Hier j'ai battu Mercedes Paz au premier tour de Roland-Garros, aujourd'hui je me suis entraînée, j'avais l'intention de me coucher tôt, de dormir tout mon saoul pour avoir une chance face à Arantxa Sanchez demain mais voilà, c'est foutu.

– Isa... Ouvre-moi, je vais te faire du bien.

Les yeux fermés, je pense à Caroline, très fort, je ne dois pas céder, *tu ne dois plus le laisser te faire ça, ton corps est à toi, tu m'entends, tu as le droit d'en disposer à ta guise, c'est même ton devoir, tu as le devoir de te respecter, tu as le devoir de lui refuser.* Je respire profondément comme elle me l'a appris, le yoga m'a rendue plus forte, il a changé ma vie, je vais me concentrer, je vais décider que je ne l'entends pas. Ce n'est pas la première fois qu'il vient réclamer sa pitance, à tous les tournois j'y ai droit, parfois je cède parfois non, ça dépend de mes forces, de ce qui m'attend le lendemain, parfois je me dis autant laisser faire, autant fermer les yeux c'est l'affaire de dix minutes et après je pourrai dormir, demain matin il m'entraînera et je vais gagner... Le rêve évidemment c'est comme à Key Biscayne, l'envoyé spécial de *L'Équipe* n'en revenait pas, « Dire que Régis de Camaret n'a pas vu ça ! Quand Isabelle Demongeot a entamé son match du troisième tour contre Manuela Maleeva, son entraîneur était déjà sur les routes de l'aéroport », il était parti quel bonheur, du coup j'ai battu

Maleeva, la huitième mondiale, je me suis retrouvée en quart de finale en même temps que Noah, mon Dieu je voudrais tant qu'*Il* ne soit plus jamais là...

– Isa ! Ouvre, bon sang !

Cette fois, il y va avec le poing, je pousse un léger cri d'effroi, tout le monde va l'entendre, il faut que je le calme.

– Non ! Fous-moi la paix, je vais dormir.

– Il est trop tôt... Laisse-moi te préparer pour demain. Sans moi, tu n'y arriveras pas.

– Je t'ai dit non !

– Pourquoi ?...

Je commence à trembler, j'essaie de me reprendre en faisant comme il faut les respirations du yoga, d'habitude il n'insiste pas, il se contente de ne pas m'entraîner le lendemain, et le surlendemain, et ainsi de suite jusqu'à ce que je finisse par céder, sauf que depuis quelques mois je ne cède presque plus, en tout cas plus à Saint-Tropez, il suffit de ne plus jamais être seule avec lui, je dis « il suffit » mais c'est archi-compliqué, ça demande une vigilance de chaque instant, c'est presque aussi fatigant que l'entraînement...

– Isa ! Pourquoi tu me traites comme ça ? Je ne t'ai jamais fait de mal...

Je tremble tellement que mes jambes tressautent sur le lit, ça ne peut plus durer, toute cette tension depuis bientôt six mois, tous ces soirs où je rentre à la maison en pleurs parce qu'il ne m'entraîne pas, il ne m'entraîne plus, finis les cours individuels, il n'y en a plus que pour Nath, c'est ça ma punition de m'être mise au yoga et de ne plus le laisser me faire *ça*, il me le fait payer, il veut me faire craquer.

– Isaaaaaaa ! Ouvre-moi !

La voix se brise, on dirait bien qu'il pleure, je m'approche de la porte sur la pointe des pieds, je retiens ma respiration, je regarde par l'œilleton et je ne peux retenir un cri, il est là à trois centimètres de moi, la bouche ouverte les yeux fous.

– Isa !

Je cours me jeter sur mon lit, j'enfouis ma tête sous un oreiller, je dois reprendre mes esprits, essayer de me raisonner, c'est la meilleure saison de ma vie, j'ai doublé Nath juste après Key Biscayne, n° 1 française et 25e mondiale je n'ai jamais été si haut, demain je dois vaincre Arantxa, je vais vaincre Arantxa... J'essaie de me concentrer comme Caroline me l'a appris, *d'abord visualiser une bulle tout autour de toi, bien lisse, bien étanche, bien ronde, tu es blottie dedans, plus rien au monde ne peut désormais t'atteindre, ni les sons ni les coups ni rien du tout, tu touches la paroi, tu es bien à l'abri...* Sauf que cette fois-ci ça ne marche pas du tout, je soulève l'oreiller, il cogne de plus belle, il est devenu fou, il va ameuter tout l'hôtel, qu'est-ce que je peux faire, il faut que je parle à Caro, il faut qu'elle me dise, il faut que je l'appelle... À peine si j'arrive à composer son numéro tellement mes doigts tremblent, elle répond presque aussitôt « Allô ? » Pendant que l'autre tambourine et menace et gémit de plus belle, je lui explique tout.

– Isa tu ne dois pas céder, tu m'entends, tiens bon Isa, tu n'as pas fait tout ce travail sur toi pendant des mois pour tout foutre en l'air aujourd'hui, tu dois lui résister, je peux compter sur toi ?

Sa voix si douce et calme et ferme m'apaise aussitôt, je dis oui bien sûr oui, merci Caro merci, je raccroche, je respire un bon coup, je le sais bien que c'est aujourd'hui notre balle de match, à l'Autre et à moi, c'est la fin de notre tournoi, si j'ouvre cette porte je reste son machin son truc sa possession jusqu'à la fin de ma vie, si je résiste c'est fini pour de bon, je sors de sa vie de son horizon, il ne me le pardonnera jamais il va me balayer m'éliminer et moi je n'existerai plus, je suis complètement dingue ou quoi ?

– Isabelle ! Pour la dernière fois, ouvre cette porte nom de Dieu !

– Attends...

Je m'affole, j'appuie sur la touche bis du téléphone, je dis à Caro je ne peux pas faire ça, si je le quitte le tennis c'est fini pour moi et moi je ne sais rien faire d'autre, sans lui je ne suis rien du tout... J'ai besoin de réfléchir, Caro, c'est grave, il faut que je trouve un autre entraîneur avant de m'en aller...

– Arrête Isa, arrête ça. Tu y es, le plus dur est fait. Maintenant tiens bon, résiste, tiens le coup, respire bien fort, là, en même temps que moi, ferme les yeux, pense à la bulle qui monte, monte autour de toi, visualise-la en même temps que moi, elle est là, elle t'enveloppe, il y fait doux et chaud...

Quand j'ai rouvert les yeux, une minute ou un siècle plus tard, un silence absolu régnait dans ma chambre. Je me suis approchée de l'œilleton sur la pointe des pieds, le couloir était vide. Je me suis retournée, j'ai marché à pas lents jusqu'à la baie vitrée, la masse sombre du bois de Boulogne se découpait sur un ciel orangé, la nuit tombait sur Paris et sur Roland-Garros. Demain, j'affronterais Arantxa Sanchez.

Je me suis allongée sur mon lit. Je me suis endormie.

Dix-huit ans plus tard, cette scène reste aussi fraîche dans ma mémoire que certains épisodes de l'enfance chez ceux qui ont tout oublié. Elle a toujours marqué pour moi la fin de l'emprise de Régis sur ma vie, le jour de ma libération. En me penchant sur la chronologie de cette année 1989, force m'est pourtant de constater que les choses ne se sont pas exactement passées ainsi. Eastbourne, Wimbledon, pendant tout le mois de juin qui suivit, le trio Nath-Régis-et-moi continua sur sa lancée comme si de rien n'était. Il ne me touchait plus, n'entraînait plus que Nath. Mes défaites s'accumulaient. Mais entre nous subsistait le plus puissant de nos liens : le non-dit. Fidèles à nos habitudes, nous avions aussitôt enfoui l'épisode du Concorde-Lafayette et ce qu'il signifiait sous une chape de silence. Si rupture il y avait, nous étions seuls à le savoir, en notre for très intérieur.

*
* *

– Il vous en aura fallu, du temps, avant de vous décider à nommer ce qui vous arrivait ! se souvient Mme A., la psychologue que j'avais consultée à l'époque sur les conseils de mon médecin traitant... Je vous entends encore, pendant les premières séances vous ne cessiez de tourner autour du pot, vous vous réfugiiez derrière des mots vagues qui ne voulaient rien dire, vous parliez de *conflits avec votre entraîneur*, vous évoquiez de vagues *abus*...

Mme A. a ressorti ses notes me concernant, nous sommes en novembre 2006 dans son cabinet d'Antibes. Lorsque je lui ai annoncé que j'avais enfin porté plainte, son visage encore juvénile malgré sa petite cinquantaine s'est illuminé.

– Mon énorme regret, c'est de n'avoir pas réussi à vous persuader de le faire à l'époque, soupire-t-elle. Vous pensiez qu'en le dénonçant aux autorités, vous alliez tuer votre carrière à coup sûr. Alors que c'était peut-être le contraire...

Je hoche la tête, accablée. A-t-elle raison ? Au lieu de sombrer corps et biens comme elle n'a pas tardé à le faire, ma carrière aurait-elle pu exploser si j'avais eu le courage de porter plainte cette année-là ? Je n'en suis pas si sûre, je me souviens de ce sentiment de fragilité, je n'avais pas la force, je n'étais pas prête, en le traînant en justice c'est moi que j'aurais brisée...

– J'ai tout de même suivi un de vos conseils, lui fais-je remarquer. J'ai mis le temps, mais je l'ai fait, quand je lui ai sorti ses quatre vérités dans le hall de l'hôtel Mowenpick...

Elle ne se souvient plus, je lui rafraîchis la mémoire. « À défaut de porter plainte, m'avait-elle dit, déballez-lui au moins ce que vous avez sur le cœur. En tête à tête. Sans rien cacher. » Je l'avais fait, oui, un ou deux ans après notre séparation, dans le hall d'un grand hôtel de Stuttgart où étaient logées toutes les joueuses à l'occasion du tournoi. Je l'avais pris à part, j'avais monologué un quart d'heure durant, malgré l'angoisse qui me serrait la gorge. Évoquant ma jeunesse souillée, ma vie de femme brisée. Il avait écouté sans vraiment écouter, l'air absent. Puis j'avais tourné les talons sans le laisser dire un mot. Ça m'avait tout de même soulagée.

Je m'en étais donc tirée avec des simulacres de procès. J'avais besoin de pompe et de solennité pour que les mots s'autorisent à sortir de ma bouche. Jamais l'idée ne me serait venue, dans l'avion qui nous ramenait à Hyères depuis Paris ou Londres, de dire tout simplement à Régis : « Toi et moi c'est fini, je change d'entraîneur. » Ni d'expliquer à mes parents, à la table du petit déjeuner, ce que j'avais subi de sa part depuis l'âge de treize ans. Pour trouver la force d'annoncer que je m'en allais, il m'avait fallu monter une vraie mise en scène, dont le scénario, in fine, s'est révélé si confus qu'il n'en est rien ressorti. Au point que mes parents soutiennent aujourd'hui avec la meilleure foi du monde : « Avant 2005, tu ne nous avais jamais rien dit... »

Je me revois, en ce mois de juillet 1989 étouffant de chaleur, guettant le bruit du moteur de Régis à travers la haie de l'Amourié. Mon père attend, vaguement intrigué – qu'ai-je donc de si important à leur dire ? Je me revois campée devant eux deux dans ce salon où Régis m'a connue haute comme trois pommes, depuis douze ans qu'il vient il y est comme chez lui, un léger courant d'air filtre de la baie vitrée grande ouverte, je tâche d'affermir ma voix pour marmonner je ne veux plus de Régis comme entraîneur, il m'a abusée, c'est fini. Sur le quand le comment, pas un mot, juste ce petit discours sibyllin et mon père ahuri, tellement stupéfait qu'il ne sait que balbutier à Régis : « C'est pas bien ce que vous avez fait ! » et l'Autre qui s'en va en haussant les épaules, qui s'en fout royalement.

Et pour cause : mes mots ne lui avaient rien appris. Quant à mon pauvre papa, il n'avait pas compris grand-chose. J'aurais aussi bien pu ne rien dire du tout.

## – 15 –

## NOUVEAU DÉPART

Chez moi. Je suis chez moi et je n'en reviens pas. Dans mon appartement à moi, que je viens d'acheter grâce à l'argent de mes tournois, sans comptes à rendre à qui que ce soit, seule maîtresse à bord de ma vie, libre de disposer de mes heures, de mes jours, de mes nuits comme je l'entends, libre d'aller et venir où il me plaira. Je ne me lasse pas d'inspecter mon fief, ici redressant un abat-jour, là tapotant un tabouret de bar. Il n'est pas bien grand mon logis, mais qu'importe ? Suspendues en plein ciel, mes deux pièces et ma petite terrasse ont pour seul vis-à-vis la Citadelle qui me salue chaque matin dans le soleil levant. Ici, chez moi, tout est neuf et propre et tout bleu. Bleu le ciel, bleue la piscine qui m'appelle en bas dans le jardin intérieur bordé de pins, bleus les rayures de mon canapé et le fauteuil où j'aime à me blottir en léchant un Kim Cône géant, bleus comme mes amis les paons qui errent, indolents, sur les flancs de la Citadelle en appelant sans cesse ce « Léon ! » qu'ils ne rencontreront jamais.

J'ai vingt-trois ans, je suis triple championne de France et l'avenir est à moi. Quand j'y pense, j'en ris : c'était pourtant si simple, comment ai-je pu tant tarder avant de franchir le pas ? Il suffisait de dire « Régis de Camaret n'est plus mon entraîneur », « Régis de Camaret n'a plus rien à m'apprendre », « Je suis prête pour un nouveau départ », et deux mois plus tard, abracadabra, coup de baguette magique, j'étais triple championne de France. Simple, double dames, double mixte, et je posais hilare devant le port de Saint-Tropez avec mon jéroboam de champagne, des monceaux de fleurs dans les bras, sous l'œil heureux de mes parents enfin gratifiés de tant d'années d'efforts à œuvrer dans l'ombre pour moi. Portée par ce public qui n'avait jamais cessé de croire en moi alors même que je doutais tant, j'ai gagné le National sur les terres de mon enfance, au milieu des vignes et des vendanges de septembre. Une victoire qui chante, une victoire à l'accent du Midi, la plus belle de ma vie et la plus symbolique aussi. Les journalistes ne s'y sont pas trompés, ils ont bien vu que je ne suis plus la même, qu'une nouvelle Isa est née et que celle-là cessera de décevoir son monde. *Var Matin* en a fait l'annonce solennelle : « Trop fragile mentalement... beaucoup se demandaient si elle changerait un jour. Ce jour semble venu... »

Bien sûr qu'il est venu ce jour de ma libération ! Quentrec, Herreman, Paradis, je les ai toutes battues, malgré le diable sournois qui attendait ma finale pour jaillir de sa boîte, Régis sur les gradins n'en perdant pas une miette, Régis paradant face aux caméras. « Le départ d'Isabelle ? Comme toujours, elle fuit, elle va chercher ailleurs ce qu'elle devrait essayer de trouver en elle... » Régis transformant à son habitude le courage en lâcheté, la victoire en humiliation. Régis en invité surprise dans ce National qu'il a boycotté avec Nath, surgissant de nulle part pour jouer les trouble-fête, me voler ma victoire.

Drôle de fin pour notre trio. Les Marres ont été vendus en partie, Régis ne peut plus disposer que d'une partie des courts, il menace de quitter Saint-Tropez où l'on traite si mal les champions et ceux qui les entraînent. Nath et lui s'apprêtent à prendre la poudre d'escampette, Nath laisse entendre qu'elle pourrait bien choisir le Sud-Ouest, toujours avec Régis bien sûr, mes démêlés avec lui ne la regardent pas, elle est très bien comme ça. Certains peinent à croire qu'entre notre rupture et ces vagues rumeurs de départ il n'y ait aucun lien. Et pourtant il n'y en a pas, ce n'est qu'une bizarre coïncidence comme il s'en produit quelquefois. Départ ou pas, ils se sont offert le luxe d'un sacré coup d'éclat : l'absence ostensible de la n° 1 française au championnat de France dans la ville qui l'a formée, façon de protester contre le manque de subventions, de dire à Saint-Tropez vous ne nous méritez pas. L'aurais-je ou non vaincue si elle était venue ? Jamais je ne le saurai.

En fait ils ne partiront pas tout de suite, pas avant un an et demi, ils resteront là, à côté, mais déjà pour eux je n'existe plus, à peine si nous nous saluons, et moi j'ai bien autre chose à penser. Car une magicienne a fait place nette à l'intérieur de moi. Avec ses doigts qui lisent dans ma peau jusqu'au creux de mon âme, elle a ôté les souillures qui tachaient mes rêves, libéré mes membres et mes pensées des chaînes qui les entravaient. Tout naturellement, elle a fait pulser en mes veines un sang vif et nouveau depuis qu'un beau jour d'août, peu avant le tournoi, dans son petit cabinet de la rue de la Citadelle, les doigts, les fameux doigts ont trouvé leur chemin en moi, m'apprenant enfin la douceur de s'ouvrir à la caresse de l'autre. La grotte glauque, la caverne sale et humide sur laquelle s'est assise ma honte pendant neuf ans s'est transformée en fleur.

Ce jour-là, en sortant de chez Caroline qui m'avait aimée pour la première fois, j'exultais de fierté. Triple championne de France avant même d'avoir joué, je riais dans la rue aux matous et aux petites vieilles à fichus. Délaissant mon scooter, j'avais grimpé les ruelles en courant et dansant, me retenant à grand-peine de croquer les bougainvillées, de couvrir de baisers les façades ocre et roses des maisons de village, de me rouler dans les herbes hautes de la Citadelle, de caresser les troncs rugueux des pins. J'avais grimpé, grimpé jusqu'au sommet de la colline où les hautes murailles blondes tendent leurs échauguettes aux rayons du soleil. À travers les pins parasols, j'avais salué de la main le clocher du village dont la drôle de tête jaune et rose adossée à la mer dardait vers moi son œil rond comme celui d'un hibou. Comme je l'aimais ! Comme j'aimais le troupeau de tuiles beige rosé sommeillant à son pied, et ces collines sombres tout au fond préludant aux sommets où se nichait Pra-Loup. Soulevée par la joie, j'avais galopé autour du château, guettant les trouées à travers lesquelles se devinait en bas le petit cimetière marin écrasé de chaleur, à l'affût aussi de ces paons que nous poursuivions autrefois dans l'espoir qu'ils feraient la roue. Caro m'aimait, je l'aimais en retour. Pour la première fois de ma vie, je désirais et j'étais désirée, et cette évidence si simple et si douce que je découvrais à l'âge de bientôt vingt-trois ans ouvrait en moi pour les choses et les êtres un appétit vaste comme l'horizon.

Pendant le National, Caro et moi avons passé notre lune de miel au Byblos où logeaient tous les autres joueurs. Tropézienne, je n'étais pas obligée de vivre à l'hôtel, mais je ne voulais rien perdre de la fête – et puis, il y avait cette chambre où nous pouvions nous aimer à loisir. Ma victoire au tournoi, c'est à Caro que je la devais évidemment. À son amour bien sûr, mais aussi à ce qu'elle m'avait appris, et à la force qu'elle m'avait insufflée de quitter le manège où, sans notre rencontre, j'aurais passé le reste de ma vie à tourner, enchaînée.

Juste après le tournoi, je me suis installée dans mon nouvel appartement, que mon père avait décoré selon mes instructions. Papa et moi avions retrouvé à cette occasion la complicité des années d'enfance, nos années Tahiti, notre âge d'or à nous, quand il m'invitait à poser mes petites mains près des siennes pour que le papier de son abat-jour colle bien au tissu sans y faire de bulle. L'Autre disparu de mon horizon, je pouvais à nouveau regarder mon père dans les yeux. Ma vie comme par enchantement avait repris sa forme, et le réel son grain.

*
* *

Ces quelques mois furent sans doute les plus beaux de mon existence. Plus beaux encore que mon enfance, car lors des années Tahiti, je consumais mon bonheur sans même y penser tant il allait de soi. Ressuscitée de fraîche date, j'en savourais désormais chaque instant avec un émerveillement décuplé par la conscience que j'en avais.

Très vite, Caro décida de se consacrer tout à moi. Elle mit en veilleuse ses activités de thérapeute pour pouvoir me suivre partout sur le circuit international. Consolider mon mental trop fragile restait plus que jamais d'actualité : on n'efface pas en une semaine neuf ans de doute et de déconstruction. Le National avait prouvé que j'avais en moi le ressort nécessaire ; restait à transformer l'essai, et à garder le cap. S'inspirant en partie du yoga, Caro avait conçu pour moi une méthode fondée sur la concentration et la visualisation. Pour me protéger des agressions du monde réel, elle m'avait appris à m'isoler dans une bulle. La méthode s'était révélée efficace non seulement face aux pressions de l'Autre, comme lors de l'épisode du Concorde-Lafayette, mais aussi contre le trac et le doute qui m'assaillaient si souvent avant ou pendant un match. Afin de me donner confiance, elle m'avait aussi concocté un exercice mêlant tactique et visualisation : avant d'aller affronter mon adversaire du jour, je devais m'imaginer passant en revue une longue file de joueuses, les plus grandes du monde – Chris Evert, Navratilova, Sabatini, Pam Shriver... M'arrêtant face à chacune d'elles, je lui prenais ce qu'elle possédait de meilleur, son plus bel atout : le coup droit de celle-ci, le revers chopé de celle-là, le jeu de jambes de cette autre... À chaque étape, j'étais censée me concentrer pour « intégrer » le point fort qui m'avait été transmis. Une fois achevée cette marche lente et solennelle, restait à me figurer mon entrée sur le court, le premier regard que nous échangerions, mon adversaire et moi... et le match que nous disputerions, mon exercice mental m'ayant parée de toutes les qualités tennistiques à leur plus haut degré. Concentration, tactique, autosuggestion : qu'il s'agisse de la « bulle » ou du « défilé », la méthode de Caro avait porté ses fruits à maintes reprises, et la presse m'avait d'ailleurs interviewée sur les bienfaits du yoga. Il était aussi arrivé qu'elle reste inefficace, comme pendant l'été 1989, sur le circuit américain – mais l'état de tension de mes rapports avec Régis à cette période suffisait largement à justifier cet échec.

C'est donc l'esprit confiant qu'après ma triple victoire du National, je préparai le second acte de ma carrière : l'après-Régis. La presse m'avait harcelée pour savoir qui prendrait sa suite. Les propositions ne manquaient pas, plusieurs noms avaient circulé : John Lloyd, mais il aurait fallu que je quitte la France pour l'Angleterre, Patrice Hagelauer aussi, l'entraîneur de Yannick Noah, qui venait d'ouvrir un centre d'entraînement à Sophia-Antipolis... J'avais décidé de me donner du temps, quitte à renoncer aux tournois de cette fin d'année. Pas question de m'engager à la légère, ni d'affronter ma nouvelle vie en étant encore encombrée des scories de l'ancienne. À nouveau départ, nouvelle Isabelle ! Avec Caroline d'un côté et mes parents de l'autre, j'avais longuement examiné les diverses possibilités, pesant le pour et le contre de chacune d'elles. Attachée comme je l'étais à mon pays et ma famille, j'excluais d'emblée de partir à l'étranger, où Caro m'aurait pourtant suivie sans hésitation. La voie que je choisis sortait de l'ordinaire, mais elle semblait taillée sur mesure pour moi : j'aurais *deux* entraîneurs, François Jauffret et Arnaud Deleval. Le premier, ex-n° 1 français pendant de nombreuses années ; le second, ancien sparring partner du récent vainqueur de Roland-Garros, Michael Chang. Je connaissais François de longue date, pour l'avoir « pratiqué » en tant que capitaine de l'équipe de France. Quant à Arnaud, il avait l'immense mérite d'habiter Sainte-Maxime, et j'admirais son approche du haut niveau. Outre leurs qualités tennistiques, j'appréciais leur humanité, notamment la finesse psychologique de François, et l'optimisme contagieux qu'Arnaud avait acquis au contact des grands entraîneurs américains et des joueurs du circuit ATP[1]. Pourquoi deux ? Très prosaïquement, parce qu'aucun n'avait la disponibilité nécessaire pour

1. *Association of Tennis Professionals.*

me suivre toute l'année : François était directeur technique adjoint de la FFT et Arnaud, géomètre de son métier. Surtout, j'y voyais la meilleure garantie possible contre une éventuelle rechute dans le manège infernal ; en divisant, j'empêchais que quiconque ne s'avise de régner sur moi.

Dès la mi-octobre, l'annonce était officielle. « Deux entraîneurs pour Demongeot », titra *Var Matin.* Deux entraîneurs, mais un programme unique et cohérent, mûrement concocté à trois : me faire accéder au Top 20 mondial grâce à un « travail technico-tactique fondé sur l'agressivité ». La manipulation mentale avait cédé la place au bon sens et au réalisme ; il ne s'agissait plus de me hisser parmi « les trois meilleures » en brisant mes qualités d'attaquante, mais de cultiver ces dernières pour me permettre une progression raisonnable quoique ambitieuse. J'étais dans les 35 meilleures. Quinze places à grignoter en pratiquant le tennis que j'aimais, voilà un programme qui me convenait parfaitement.

Tout comme m'enchantait cette décision que nous avions prise ensemble : pour la première fois de ma vie, j'irais en Australie ! Jamais Régis n'avait accepté que Nath et moi participions à cette première étape, pourtant essentielle, du grand Chelem. Mille raisons justifiaient ce choix singulier qu'il était seul à adopter : ce voyage interminable était le plus fatigant du circuit, il préférait consacrer ce temps à de l'entraînement, afin de bien nous préparer à la saison suivante... En vérité, Régis avait une peur maladive de l'avion, et je savais bien que la perspective d'y rester enfermé vingt heures d'affilée était au-dessus de ses forces. Nullement dupe de ses beaux discours, j'enrageais depuis des années de me voir privée de ma surface préférée, l'herbe, en raison d'une phobie idiote, même si, face aux journalistes, j'avais toujours affiché la plus parfaite solidarité avec ce parti pris.

Pour fêter ma rupture avec Régis, rien de tel, donc, qu'un baptême australien. Mes entraîneurs et moi étions convenus de commencer par une mise en bouche plaisante : le tournoi exhibition de Perth, où se disputent des doubles mixtes composés du meilleur joueur et de la meilleure joueuse de chaque pays. En l'absence de Nath la n° 1, interdite d'Australie pour la raison susdite, j'étais la joueuse désignée... au côté de Yannick Noah. Je partirais pour Perth sans entraîneur, François comptait me rejoindre juste après, à Brisbane. Mais je n'étais pas seule : Caro me suivrait sur toute la saison. Décidément, ma nouvelle vie démarrait en fanfare. J'allais passer les fêtes de fin d'année aux antipodes, sur ce continent inconnu dont j'avais si longtemps rêvé, en faisant équipe avec un joueur merveilleux que je portais aux nues, et en compagnie de la femme que j'aimais... La puissance symbolique de tous ces événements, quelques mois à peine après ma rupture avec l'Autre, ne m'échappait pas. C'était vraiment un nouveau grand départ, le cauchemar était fini, j'avais démantelé le manège infernal.

J'y croyais pour de bon.

*
* *

Petite colle destinée aux amateurs de tennis : quand l'herbe a-t-elle cédé la place au *rebound ace*[1] en Australie ? Réponse : à la saison 1989-1990. C'est-à-dire très précisément quand Demongeot a enfin pu fouler les courts de l'hémisphère austral pour y disputer son premier Melbourne. Blague à part, ce premier nuage lilliputien dans un ciel constellé d'augures par ailleurs prometteurs ne m'affecta pas trop. J'ai regretté, bien sûr, ce pied de nez du destin qui me privait à jamais de ces matchs sur l'herbe australienne dont j'avais tant rêvé. Au moins pouvais-je me consoler en allant lorgner du côté des anciens courts herbeux, désormais réservés aux joueurs « loisir ». Et puis, tout ce que je découvrais était tellement nouveau que la griserie du voyage fit passer cette déception. Car si le *rebound ace* m'a déçue, l'Australie, elle, s'est montrée à la hauteur. Là-bas, je retrouvais un mélange de tout ce que j'aimais : les grands espaces, la chaleur, la clarté, la propreté. Sydney

1. *Rebound ace* : surface dure légèrement assouplie par la présence, entre autres, de polyuréthane.

la moderne, Sydney la géante, était ma préférée avec son parfum de Californie, ses plages de surfeurs qui se perdent à l'horizon, son pont semblable à celui de Frisco, son monumental Opéra pied dans l'eau... J'adorais le contraste de ce gigantisme à l'américaine avec le raffinement si *british* du court central aux vieilles tribunes de bois où le parquet craque sous vos pas. Melbourne m'a moins séduite, mais Caroline et moi y avons salué au zoo notre premier kangourou, ce qui n'est pas rien, et j'y ai contracté ce vice délicieux qui ne m'a plus jamais lâchée : la sushimanie. Quant à la canicule qui régnait partout, elle n'était pas pour déranger une Tropézienne de mon acabit, accoutumée à courir sur du quick trois heures d'affilée sous un cagnard à faire fondre les balles. Du coup, malgré le dépaysement, je me sentais un peu chez moi.

En vérité, ma grande découverte fut d'ordre sociologique, pour ne pas dire ethnologique. Ce n'est pas dans le bush que je la fis, en étudiant quelque tribu aborigène, mais à l'hôtel-club de Perth où je logeais les premiers jours avec tous les autres joueurs. Là, dans ce grand complexe moderne et luxueux où les piscines n'étaient pas moins nombreuses que les trous du parcours de golf, dans cette banlieue verte si chic et si civilisée, je découvris avec stupeur les mœurs d'une tribu que j'avais longtemps côtoyée sans jamais me mêler à elle : celle des stars du tennis masculin.

Noah, Edberg, Pat Cash, McEnroe... À deux ou trois reprises, je passai la soirée avec ces grands monstres sacrés qui incarnaient à mes yeux la quintessence du tennis. Le moins qu'on puisse en dire, c'est que dans ce panthéon, on ne boudait pas son plaisir. Manger, boire, fumer, faire les zouaves jusqu'à des heures indues, improviser un bœuf à la guitare et chanter tous en chœur, les adversaires du jour se tenant par le cou et ceux du lendemain se labourant joyeusement les côtes... Vainqueur ou vaincu, compétition ou pas, chez les hommes, ça déconnait à plein tube. Et moi, je n'en revenais pas. Je nous revoyais pendant toutes ces années avec nos dîners à trois au McDo, nos objectifs, nos stratégies, nos fiches à potasser, nos couchers à l'heure des poules, nos mœurs de carmélites ou de bénédictines en adoration perpétuelle devant le dieu Tennis et son grand prêtre Camaret... Et voilà que ces gens qui jouaient mille fois plus fort et souvent bien mieux que nous s'amusaient comme des fous. Dans quel monde avais-je donc vécu ?

*

* *

– Il faut bien avouer que les joueuses de tennis sont mille fois plus sérieuses que les joueurs ! commente François Jauffret, seize ans plus tard en souriant. Mais plus fragiles aussi. Forcément.

C'est pour ça que j'ai choisi de me consacrer à elles.

François m'a donné rendez-vous à Roland-Garros, dans le grand bâtiment couvert de vigne vierge qui est réservé à l'administration. On nous y a ouvert un bureau pour le temps de notre entretien. La fenêtre donne sur un parking qui n'existait pas la première fois que j'ai joué ici, en 1978. Je crois même qu'à cet emplacement, il y avait la pelouse sur laquelle nous avions planté notre tente, à l'époque. Il avait plu une semaine durant sans discontinuer.

– Si une fille rate deux balles de suite à l'échauffement, c'est fini... Elle va se dire qu'elle est nulle et elle va perdre ses moyens dès le début du match. Pas un garçon.

En ce mois de novembre 2006, j'ai voulu revoir François pour lui poser des questions sur 1989-1990, l'année pendant laquelle il m'a entraînée. Sur ce nouveau départ qui ne m'a pas menée bien loin.

– Avec une fille, c'est avant tout un problème de confiance. Si elle perd confiance, c'est fichu, quelles que soient ses qualités techniques. Mais si on sait la rassurer, on peut la faire progresser bien plus vite qu'un homme.

François se souvient de leur enthousiasme, à Arnaud et à lui, aux premiers temps de notre trio.

– Tu avais un revers naturellement merveilleux... Et ton service, c'était canonball. Tu me battais souvent à l'entraînement, tu te rappelles ? On s'est dit qu'on te mènerait très haut.

Et puis il y avait eu Brisbane. Le premier vrai match important de la tournée australienne, Perth n'étant qu'un galop d'essai. Avec ce constat inquiétant : plus la date du tournoi approchait, plus mes performances déclinaient.

– Le premier tour a été épouvantable. Tu n'y étais plus. Au point d'envoyer ta balle de service *avant* le filet...

Que cette pression d'origine mystérieuse vienne à se relâcher, se rappelle-t-il, et je devenais soudain une autre, capable d'écraser les meilleures des meilleures.

– Je revois ton troisième tour de Melbourne, sur le central... Ce premier set contre Garrison ! Comment tu as renversé la vapeur en ta faveur, de 0/4 à 7/5, c'était ahurissant, le talent à l'état pur. Tout ça pour t'écrouler juste à la fin.

François attribue aujourd'hui ce Yo-Yo incompréhensible à des « problèmes dans ma vie privée », comme il l'exprime pudiquement. Je hoche la tête en signe d'approbation : évidemment oui. Mais je ne tarde pas à m'apercevoir que nous ne mettons pas la même chose sous ce terme.

– Tes parents m'avaient téléphoné, se souvient-il, embarrassé. Ils étaient dans tous leurs états à cause de... euh... ton histoire avec cette femme.

J'écarquille les yeux. Caro ? Caro, à l'origine de mon mental fragile ? Seize ans après, l'absurdité d'une telle hypothèse me fait m'étrangler. Se peut-il que ce psychologue subtil, ce fin connaisseur du mental sportif féminin, n'ait jamais compris ce qui, face à une Garrison ou une Novotna, revenait impromptu parasiter, gripper, dérégler le flux d'attention bienveillante qu'il m'envoyait depuis le gradin où il était assis ?

Je ferme un instant les yeux et je me transporte sur le court, sautant, frappant, bondissant, puis laissant mon regard filer un centième de seconde vers la place où je sais qu'il est assis… la place où je *le* vois assis, avec son Doigt qui monte et qui descend, décrivant son éternel arc de cercle surmonté d'une grosse moustache, et qui hurle en silence tandis que je monte au filet : *Fais des ronds, fais des ronds, fais des ronds, pauvre nulle.*

– Dommage que je n'aie pas pu continuer avec toi, soupire François en se levant. Je suis sûr qu'avec Arnaud, on aurait pu arriver à te redonner confiance…

Je ramasse mon manteau sans rien dire. En mai 1990, François avait été nommé directeur technique de la Fédé. À peine né, le trio avait explosé. Je m'étais retrouvée sans rien.

– Quel gâchis, conclut-il.

Nous sortons du bureau. Il n'y a rien à ajouter.

# – 16 –

# ÉTERNEL RETOUR

Mon enquête est finie. Du printemps 2005 à l'automne 2006, j'y aurai consacré près de dix-huit mois de ma vie. Au fil du temps, sans que je l'aie consciemment décidé, la teneur s'en est modifiée, le Sherlock Holmes que j'étais au départ orientant peu à peu sa loupe vers ses propres mystères. Je ne voulais d'abord qu'établir une liste de victimes, afin d'enclencher une procédure ; et voilà que j'ai écrit mon histoire. Avec la même obstination qui me faisait, enfant, imposer mes désirs à mes grands frères et à ma sœur, j'ai sondé, fouillé, ausculté mon passé. Famille, amis, partenaires d'hier ou d'aujourd'hui, camarades perdus de vue, entraîneurs et thérapeutes d'autrefois, dans les regards de ces nombreux témoins que j'ai sollicités, dans les lettres que j'ai relues, les milliers de coupures de presse que j'ai triées, classées, analysées, j'ai vu se refléter des fragments de reflets de cette inconnue qui est moi, des bribes d'autrefois. Je voulais comprendre l'incompréhensible, mettre des mots sur l'indicible. Je pressentais que le « nouveau départ » si longtemps espéré et sans cesse ajourné ne pourrait avoir lieu qu'à cette condition, mais j'ignorais pourquoi.

À présent, je sais.

Car le plus douloureux dans cet acte de chirurgie pratiqué sur moi-même ne fut pas de mettre au jour les rouages d'une manipulation longue de neuf ans. Ce fut de découvrir qu'elle n'avait jamais cessé, que je n'étais jamais descendue du manège, et que si j'avais eu la force de quitter l'entraîneur, l'*Autre* n'était jamais parti. Il était resté là, invisible, fiché en moi, à orienter mes choix, à guider mes désirs, à me souffler à l'oreille « Va ici ! » quand j'aurais dû aller là-bas, « Fais ceci ! » quand j'aurais dû faire cela. Tout, il avait tout pollué : mon tennis, mes amours, ma vie familiale, ma vie professionnelle. En comprenant que mon existence tout entière avait, à mon insu, été pilotée par cette main invisible, je me suis sentie violée et souillée comme la première fois.

Ces seize années qui suivirent mon « saut », j'avais été si sûre de les tisser d'un fil nouveau ! Toujours il m'avait semblé aller vers le neuf, rompre avec le passé, inventer à ma guise chaque minute de ma vie, n'imputant la récurrence de l'échec qu'à une déveine acharnée. Or non : plus j'inventais ma vie, plus je répétais la même ronde éternelle. Les acteurs changeaient, les décors, les péripéties ; mais la structure de la narration demeurait inchangée, et ses grands ressorts identiques.

C'est au fur et à mesure de mes interviews que cette intuition, peu à peu, s'est frayé un chemin en moi. Des petits mots tombaient qui n'avaient l'air de rien, sur l'instant je n'y prêtais même pas attention. Mais d'un témoin à l'autre, voilà qu'ils revenaient, souvent pour désigner des faits qui débordaient du cadre strict de mon enquête...

*
* *

– Bon, c'est sûr, on a réagi un peu violemment face à ton homosexualité... convient ma sœur Françoise. On s'est trompés de combat. Au lieu d'en vouloir à Régis, c'est à Caroline qu'on s'en est pris...

Je ne le lui fais pas dire. Depuis le temps que j'attendais cet aveu ! Je n'oublierai jamais cette terrible scène, lorsque ma famille m'a convoquée à l'Amourié pour me dire mes vérités, ils étaient tous réunis, ils voulaient que je rompe avec Caro, ils disaient qu'elle me détruisait, que c'était sa faute si je perdais tant de matchs, évidemment que je ne leur ai pas obéi, je l'aimais, elle m'avait sauvée de l'Autre, et puis elle avait sacrifié une partie de sa clientèle pour moi, pour me suivre partout. J'ai essayé de la défendre mais ils ne voulaient rien entendre, alors pendant des années nos liens se sont distendus... J'en ai tellement souffert, moi qui place ma famille plus haut que tout.

Ces quelques mots de Françoise sonnent à mes oreilles comme la plus belle des victoires. Pour fêter ça, je commande au serveur un nouveau Coca. Pour un peu, j'irais embrasser le domestique en livrée en train de poser son bouquet de fleurs ridicule sur sa grande table d'acajou, dans le cockpit clinquant du yacht amarré face à nous. Nous sommes à la terrasse de chez Sénéquier, face à un ciel bleu tendre de printemps. Françoise ferme les yeux et tend en souriant son beau visage vers le soleil, nous nous taisons pendant quelques instants. Puis elle reprend :

– N'empêche, on ne m'ôtera pas de l'idée que cette femme a profité de la situation pour te dévorer.

Je m'apprête à protester quand elle ajoute :

– Je ne sais pas pourquoi, tu es toujours tombée sur des gens possessifs qui voulaient te mettre sous leur coupe.

Et là, pour le coup, j'ai le bec cloué.

Possessives, les femmes que j'ai aimées ? L'idée ne m'avait jamais effleurée, j'aurais même plutôt pensé le contraire, c'est elles qui se donnaient à moi, qui me consacraient tout leur temps, toute leur énergie, au point de tout quitter pour moi, Caro sa clientèle, Michèle le père de ses enfants, elles m'aimaient au point de faire passer mes rêves avant les leurs. Elles voulaient tant que je réussisse, elles voulaient tant me sauver, Caro, Michèle. Et chacune était tellement persuadée d'être la seule à pouvoir le faire...

La sainte Trinité de Caro, c'était bouddhisme-méditation-yoga : bien sûr que je suis entrée dans la danse, j'ai médité, j'ai respiré, j'ai brûlé de l'encens, même si au bout du compte je m'en suis lassée, même si à un moment ça a bien failli mal tourner avec l'histoire de ma fracture au pied... Une histoire insensée, c'était en 1990, la veille de l'Open Clarins, je me lève pour faire pipi, impossible de poser le pied par terre, une douleur atroce, le lendemain je boite bas, je file chez mon ostéo qui me dit tu n'as rien, malgré tout impossible de marcher, jouer n'en parlons pas. Les semaines passent, les radiographies se succèdent et les toubibs aussi, R.A.S., c'est à devenir folle, Caroline me dit : j'ai quelqu'un à te faire rencontrer, un dentiste que m'a conseillé un ami médecin. Je suis plutôt perplexe, un dentiste pour mon pied, mais au point où j'en suis, après tout, allons-y... Quand j'y repense aujourd'hui, je me demande pourquoi je ne me suis pas enfuie, comment j'ai pu retourner voir ce charlatan des semaines durant, l'écouter m'expliquer sans éclater de rire que mes plombages envoyaient des ondes négatives à mon pied, qu'il fallait les remplacer par des inlays, me faire porter des gouttières...

Le diagnostic des médecins sportifs et de l'hôpital a fini par tomber, *fracture de fatigue* – en fait, une excroissance osseuse comme on s'en aperçut après l'opération –, mon dentiste obstiné n'y a pas cru une seconde : « C'est à cause du conflit avec votre mère, tant que vous ne l'aurez pas réglé vous aurez mal au pied... » Il avait eu le temps de s'en mettre plein les poches, et d'ailleurs il a continué, profitant de mes six mois de convalescence, j'étais conviée à ses colloques sur les rapports entre « maux du corps et tensions familiales ». J'ai appris à cette occasion qu'il lui arrivait de ressusciter des morts, et pour cause il était Jésus, et d'ailleurs sa maman Marie vivait non loin d'ici, sous la forme humaine d'une psy des environs... Voilà comment Caro et moi nous étions un soir retrouvées chez une ancienne psychanalyste reconvertie en gourou pour VIP friqués, dont l'arrestation, quelques années plus tard, devait faire grand bruit. Après cette soirée où pullulaient de prestigieux réincarnés guettant à la jumelle les ovnis dans le ciel nocturne, nous avions déguerpi sans demander notre reste pour ne plus jamais revoir ces gens-là.

Mais il allait me falloir encore deux années pour constater que la « méthode Caro », après m'avoir sauvée, était en train de me dissocier de moi-même. Je n'étais pas bouddhiste pour un sou, j'étais une sportive de haut niveau. Sauf que lorsque je l'ai compris, en 1993, je venais d'avoir vingt-sept ans, j'étais tombée au 137e rang mondial, et je n'étais plus que la 7e joueuse française. La presse célébrait déjà mon requiem, et je commençais à douter de vouloir continuer à jouer...

Pourtant, cette crédulité d'enfant nouveau-né, cette soumission à l'univers de l'autre, cette capacité d'endurance infinie pour subir sans mot dire ce qui ne me convenait pas jusqu'à la dépossession absolue, ce n'était pas à Caroline qu'il fallait l'imputer. Ma famille sur ce point se trompait, Caro n'avait fait que m'aimer et m'offrir tout ce qu'elle était. Si je n'avais été si vide, je ne me serais pas laissé remplir si aisément, si je n'avais été accoutumée à la mainmise de l'Autre sur mon temps, mon corps, ma volonté, mon être, je n'aurais pas ainsi fait miennes toutes ses valeurs. Possessive, Caro ? Comment aurait-il donc pu en être autrement, je n'étais tout entière qu'un immense appel à la possession, j'avais désappris les mots « exister », « vouloir », « désirer ». Mes désirs étaient ceux qu'on voulait me prêter. J'étais condamnée au manège.

Hantée par le spectre d'une rechute, pour échapper à la répétition je m'étais évertuée à me préserver de mes entraîneurs. Tantôt je réduisais notre engagement à une période limitée, comme avec Tiburce Darrou qui m'a accompagnée sur les circuits américain et européen, et à qui je dois quelques-uns de mes plus beaux succès, ou encore avec Philippe Duxin, Sophie Amiach, Dominique Dumillon ; tantôt je ne m'en remettais qu'à moi-même. Mauvais calcul. La presse n'y comprenait plus rien, elle n'était pas la seule, mes parents s'arrachaient les cheveux par poignées : à un mois d'intervalle, je me ridiculisais, 6/0 6/0 sur Lindquist au premier tour de Wimbledon, puis je remportais la plus grande victoire de ma vie – merci Tiburce ! –, mon premier grand titre sur le circuit, 6/4 6/4 à Westchester contre Lori MacNeil, n° 12 mondiale en 1991. Reste qu'in fine je tombais, n° 7 française en 1993, n° 12 en 1994, pour terminer n° 8 en 1996, date de mon jubilé [1].

« Au moins, avec *lui*, tu gagnais ! » laissa un jour échapper quelqu'un de ma famille dans un élan de rancœur contre Caroline. La cruauté involontaire de ces quelques mots n'a jamais cessé de m'empoisonner, mais dans un sens ce n'était pas si faux. Quand toutes les cases de votre être ont été livrées clés en main à une seule personne, propriétaire incontestée de votre estomac, vos neurones, votre

---

1. Cérémonie organisée en l'honneur d'un sportif qui se retire définitivement de la compétition.

agenda, vos bras, vos jambes, votre sexe, son retrait soudain ne peut aller sans dommage. Je me croyais redevenue autonome sous prétexte que je n'avais plus d'entraîneur attitré. Or ce zapping m'était très dommageable, d'autant qu'au bout du compte, j'avais de nouveau confié les clés de mon être à un seul être humain, au nom cette fois de l'amour. Et lorsqu'en 1993 j'ai fui Saint-Tropez, Caro et mes parents, pour démarrer une nouvelle vie à Paris, ce départ n'était en fait qu'une péripétie. J'allais encore m'abandonner tout entière à autrui.

*
* *

– Entre nous, avec Michèle, tu n'ouvrais pas le bec ! me lance Alicia à la fin de notre repas dans ce petit troquet japonais de Pantin où elle m'a donné rendez-vous, en cette journée venteuse d'octobre 2006.

Alicia faisait partie de l'équipe de profs dans notre club d'entraînement de Villiers, nous nous revoyons de temps en temps depuis mon départ.

– Je te revois en réunion, absente, les yeux baissés, poursuit-elle en coupant un morceau de mangue. Tu ne mouftais pas. Ou alors tu bégayais. C'était Michèle qui parlait tout le temps, qui décidait de tout. Du coup, tout le monde a toujours cru que tu étais toujours d'accord – alors que par moments, franchement, on espérait que tu taperais du poing sur la table...

Elle me sourit gentiment, comme pour s'excuser.

– C'était quand même toi la patronne, merde !

Je sais parfaitement à quoi elle fait allusion. Michèle, mon ex-compagne et associée, n'avait qu'un gros défaut, ou plutôt une qualité hypertrophiée : son amour maternel qui l'aveuglait, ce qui ne simplifie pas les choses quand on a un fils salarié dans la boîte qu'on dirige avec son amante-associée. Alicia a raison. J'aurais souvent dû être plus ferme, m'opposer, quand Michèle soutenait systématiquement sa progéniture contre vents et marées, et que je me retrouvais en porte-à-faux avec le reste de l'équipe, entraîneurs et joueurs. Pourquoi n'ai-je rien dit alors, je ne me posais même pas la question, c'était normal de soutenir Michèle puisque nous nous aimions, de toute façon elle parlait tellement mieux que moi, je n'ai jamais été douée pour ces choses-là, je n'ai même pas mon bachot alors qu'elle est prof de lettres. Sauf qu'à force de ne rien dire, à force de me taire, de garder tout en moi, d'encaisser les exigences des uns et la rancœur des autres en travaillant quinze heures par jour, forcément, à la longue, ça n'allait plus du tout, c'est d'ailleurs bien pour ça que je me suis retrouvée un jour de février 2005 dans la polyclinique d'Arnouville-lès-Gonesse face au bon Dr K...

« Ce n'est pas juste, n'a cessé de me répéter Michèle en pleurant quand je l'ai quittée, au printemps 2005, pour revenir à Saint-Tropez régler enfin mes comptes avec le passé. C'est notre histoire qui trinque pour un drame qui ne me concerne en rien... »

Sur le moment, je n'étais pas loin de partager son avis. Qu'aurais-je eu à lui reprocher ? Elle m'avait tout donné. En fait de preuve d'amour, peut-on imaginer plus fort que quitter son mari pour une femme lorsqu'on a quarante ans et trois enfants ? Elle prenait tous les risques, moi bien peu : quand nous nous étions rencontrées à la Fed Cup de Francfort, en juillet 1993, mon histoire avec Caroline vacillait déjà sur ses jambes. Et en quittant Saint-Tropez pour Paris, je ne commettais rien d'irrévocable. Michèle, elle, pouvait tout perdre, jusqu'à l'estime, voire l'amour de ses enfants. Heureusement il n'en fut rien, et au bout de deux ans nous vivions ensemble dans une belle maison de village, face à une ferme où s'ébattaient des chevaux. Je ne tardai pas à abandonner la compétition. Le cœur n'y était plus, et depuis le temps que j'annonçais à la presse : « Je me donne six mois, un an, deux ans... pour revenir à mon niveau d'antan », j'avais cessé d'y croire. Quitter Michèle et la maison pour me retrouver à Key Biscayne, New York, Berlin, Rome, Brisbane, toute seule dans une chambre d'hôtel, condamnée à passer par les qualifs comme à mes tout débuts... Me voir exclue des familles d'accueil où naguère, aux côtés de Régis et Nath, j'étais attendue et choyée – tandis que tous deux continuaient d'y être fêtés... C'était au-dessus de mes forces. Et ça ne m'intéressait plus. Michèle m'offrit un magnifique jubilé pour finir ma carrière en beauté, et je changeai de vie.

S'il fallait une figure emblématique pour incarner cette « nouvelle vie », ce serait bien sûr Amélie Mauresmo. Non pour le temps qu'elle passa dans notre structure, deux ans à peine, mais pour ce que son passage révéla.

Amélie n'a jamais été à proprement parler « entraînée » par moi. Ni aucune autre joueuse, d'ailleurs – du moins, pas à temps plein. Pas question de renouer ce lien fusionnel coach-coaché, fût-ce en inversant les rôles. J'étais bien décidée à ne pas retomber dans le piège. Les circonstances aidant, après quelques années à donner des cours non loin de chez nous, à Louvres et Villiers, l'idée m'était venue de créer à Villiers mon propre centre d'entraînement de haut niveau où régneraient, j'avais l'intention d'y veiller, les valeurs les plus saines du sport. Il n'y aurait pas *un* entraîneur, mais une équipe d'entraîneurs salariés par moi, mis à disposition des joueuses qui choisiraient qui elles voulaient selon leurs besoins, leurs affinités. En tant que directrice du *Team*, je supervisais le tout, bien sûr, et je définissais les grandes orientations stratégiques de chaque entraînement. Mais je n'étais pas sur le court avec la joueuse au quotidien, et je ne l'accompagnais pas en tournoi. Ainsi, nul risque de mainmise, de manipulation : la joueuse pouvait tester, changer, alterner comme bon lui semblait. Ses désirs étaient rois, et chacun se devait de les respecter. Dès septembre 1998, le *Team Demongeot et Associés* existait, avec pour commencer quatre joueuses et deux entraîneurs. J'étais la présidente, Michèle mon associée. Pour simplifier la vie de tout mon petit monde, j'avais vite pris l'habitude d'assurer le déjeuner. Notre modeste club de banlieue n'ayant pas de cafétéria, l'équipe au complet se retrouvait à la pause de midi dans une grande salle où j'avais fait installer des chaises et des tables. Je me chargeais de tout : les courses, le matin, chez Atac. La cuisine. Le ménage, souvent. Cela en sus, évidemment, des tâches qui incombent à tout manager de centre d'entraînement.

À peine notre structure avait-elle vu le jour que nous héritions d'une nouvelle recrue qui n'allait pas tarder à faire beaucoup parler d'elle : Amélie Mauresmo, championne du monde junior. Amélie connaissait les lieux pour y venir souvent, en cachette du Centre national où elle s'entraînait, retrouver une des joueuses de notre *Team*, son amoureuse d'alors. Ces soirs-là, Michèle et moi les hébergions dans notre chambre d'amis. Jusqu'au moment où leur histoire s'acheva et où Amélie rencontra chez moi ma vieille camarade d'enfance Sylvie, de passage à Paris. La presse a suffisamment glosé sur ce coup de foudre spectaculaire pour que je me dispense d'y revenir ici. Le fait est que le résultat, pour Michèle et pour moi, fut à la fois merveilleux et catastrophique : portée par la passion, Amé éclata à Melbourne en janvier 1999, propulsant le *Team Demongeot* sous le feu des projecteurs. Revers de la médaille, elle devint une star... et exigea de s'entraîner près de son grand amour. À Saint-Tropez.

Quelques mois suffirent pour qu'explose mon beau rêve d'équipe harmonieuse soudée par des valeurs communes. Fidèle à mon principe de satisfaire le désir de la joueuse, j'acceptai d'engager des frais que notre structure n'était pas à même de supporter. De leur côté, éblouis par la gloire d'Amé, mes entraîneurs n'avaient plus qu'une idée en tête : être le favori, celui qui s'occuperait de la star, laissant aux copains le club de banlieue et ses joueuses moins médiatisées. Trahisons, dissensions et sponsor défaillant, l'aventure se conclut par le départ d'Amé et celui de la majorité de nos entraîneurs, Michèle et moi restant à la tête d'un monceau de dettes que nous mettrions des années à éponger.

Pas de chance, ai-je alors pensé. Mais aujourd'hui, après mes deux années d'enquête, je me dis que la chance a bon dos. Pourquoi ai-je tenu à monter une structure de haut niveau dans un tout petit club de la banlieue éloignée et défavorisée ? Pourquoi ai-je accepté de financer l'entraînement d'une grande championne à huit cent cinquante kilomètres du centre que je venais de créer ? Pourquoi ne l'ai-je pas entraînée moi-même ? Pourquoi ai-je fait mien l'orgueil de Michèle, tout rembourser nous-mêmes jusqu'au dernier centime en nous privant de tout, travailler jour et nuit jusqu'à y perdre la santé et m'effondrer dans une polyclinique de banlieue ? Qu'avais-je besoin de me lancer sans cesse des défis hauts comme l'Himalaya ? Il m'en aura fallu du temps, avant de me poser les bonnes questions. Avant de découvrir pourquoi depuis tellement d'années, je m'ingénie à escalader la vie par sa face nord, de préférence quand il neige et sans crampons. Aujourd'hui, j'ai compris, je sais. Le *Team Demongeot et Associés* était ma version rêvée du tennis des Marres, notre maison de Marly, le Refuge version paradis, quant à moi, je m'étais investie de la mission absurde de laver les méfaits de l'Autre, Amé incarnant la championne que j'aurais pu être si on ne l'avait brisée. Mais le désir éperdu de rachat ne fait pas bon ménage avec le sport, encore moins avec le business. Avec l'amour non plus.

À présent, j'ai compris. Mais comprendre ne suffit pas. Reste encore à extirper l'Autre de ma vie, de ces dizaines de vies qu'il s'est appropriées sans jamais être puni.

Et ça, c'est l'affaire de la justice des hommes.

## – 17 –

# DÉNOUEMENT

LE VIOLEUR DES COURTS CONFONDU.

Lettres blanches géantes sur fond noir, le titre claque sur le présentoir. Le silence est rompu, trente ans de silence épais comme la poix, gras comme ce mazout qui colle parfois les oiseaux à la surface de la mer. Je pense à ces centaines, ces milliers de kiosques, de maisons de la presse où hurle la même titraille, à ces centaines de milliers, à ces millions de gens qui savent à présent.

Je pense à vous d'abord, petites sœurs devenues grandes, qui partagez avec moi le même cagibi et le même chariot, les mêmes aires d'autoroute serties d'yeux de routiers réels ou fantasmés, la même main épaisse et lourde, la même souffrance muette au creux de vous. Et puis à toi aussi, la sœur que je ne connais pas, toi que ces mots viennent de cueillir au lever, déchirant ton drap d'oubli mal cousu... Épaisse de presque trente ans, la couche de silence qui nous empoissait toutes s'est enfin volatilisée. Les faits sont là : l'Autre est arrêté. Nommé. Mis en examen. Écroué. Dans les bureaux de la gendarmerie, au tribunal de grande instance s'empilent les dossiers, tout pleins de mots qui disent et nomment les actes et les gens. « C'était en 1983... J'avais quatorze ans... » « En 1990... J'avais treize ans... » « Dans les vestiaires... Sur la route du Muy... En rentrant du tournoi de Hyères... Une nuit que j'étais endormie... »

Toi qui n'as jamais rien pu dire tant la honte t'engluait, je te comprends tellement. Il m'aura fallu vingt-cinq ans, à moi, pour trouver le courage quand il n'était plus temps. Sauf qu'il est toujours temps. Ce gros cadavre enveloppé de silence que tu as enfoui dans les limbes de ton cerveau, ce truc informe et dégoûtant qui n'en finit pas d'empuantir ta vie, de ronger ton présent, même dix ans, vingt ans, ou quarante ans après, tu peux en venir à bout. Par les mots. Parle, écris. Je sais, tu as peur de ne pas être crue. Tu as peur des yeux de ton père, de ta mère, peur du regard de l'homme qui partage ta vie. De l'effroi, des soupçons que tu y liras. Tu te dis à quoi bon, tu te dis que les mots n'existent pas, qui savent rendre « ça ». Tu te dis oublions. Mais on n'oublie pas « ça ». Un jour ou l'autre, alors qu'on ne s'y attend pas, ça resurgit de nulle part en 3D et en odorama. Et là, plus moyen de ruser : il faut parler.

Moi qui depuis deux ans ne cesse de parler, j'en ai semé des mots, dans les bureaux de la gendarmerie, dans ceux du procureur, du juge d'instruction, dans les locaux de la Fédération française de tennis ; dans les cabinets des médecins, des psychothérapeutes, des fasciathérapeutes et des hypnotiseurs ; dans le secret de mon petit cahier, le combiné de mon portable, à la grande table familiale, et dans ce livre enfin. J'en ai croisé, des regards, des qui se carapatent fissa dans la tasse de café ou sur la chaussure du voisin, des qui s'embuent, des qui se font vitreux comme ceux d'un poisson pas frais, mais aussi tous ces autres qui se tendent vers toi comme une paume tendre pour mieux accueillir tes mots. Je peux te le jurer, chaque mot que tu prononces, chaque regard que tu rencontres, qu'il te blesse ou t'apaise, te nourrit davantage que les lampées d'amour dont tu peux te gorger lorsque tu n'as rien dit. Car ces mots parlent enfin de toi, et ces regards, c'est vraiment à toi qu'ils s'adressent. Alors que le silence te dépossède de toi.

Je pense à vous, parents, partenaires, institutionnels, vous les proches et les moins proches qui saviez ou deviniez, mais qui n'avez rien dit. Vous qui, baguette du matin sous le bras ou attaché-case à la main, êtes en train de lire ces mots : « Le violeur des courts confondu. » Vous dont les yeux affolés filent en pied de page pour y trouver, bien campé dans ses lettres noires, le nom de l'Autre qui est le violeur, je pense à vous : à quoi songez-vous en cet instant précis ? Vous que très officiellement, accompagnée de cinq témoins qui s'en souviennent bien, j'ai alertés un jour voici plus de quinze ans en vous disant *DANGER, cet homme m'a fait ça, faites qu'il ne recommence pas*, vous qui m'avez écoutée mais qui n'avez pas bougé, quelles pensées s'agitent sous votre crâne ? Êtes-vous soulagés ? Catastrophés ? Ce silence que vous avez vous aussi construit, l'auriez-vous souhaité infini ? Ou comptiez-vous que d'autres, moins prudents ou plus téméraires, finiraient bien par le briser ?

Je pense à vous enfin qui ne vous doutiez de rien et qui, innocemment, avez préparé le terrain pour qu'un prédateur puisse y chasser à son aise. Je vous vois vaciller, assommés par la douleur de n'avoir rien vu, la honte de n'avoir rien perçu, comme mes parents en ce jour de mars 2005 où mes mots sont enfin sortis. Vous qui lui avez fait confiance, abusés comme tant d'autres par son bagout, son talent, vous qui voyiez en lui quelque envoyé du bon Dieu venu offrir à votre fille un destin d'exception et la gloire à votre région. Vous qui vous en êtes remis à lui, acquiesçant à ses plus troublantes exigences, approuvant les plus curieux de ses arguments parce que c'était *lui*. Que saviez-vous de lui pour le laisser ainsi prendre en main la vie de vos enfants, régner sur leur emploi du temps, dormir sous le même toit que vos filles, dans la même chambre parfois, sous prétexte d'économie ? Quelle surhumaine continence lui prêtiez-vous donc, pour croire qu'un sensuel avéré peut respirer nuit et jour des corps de jeunes filles sans en éprouver nul émoi ? Et quelle divine clairvoyance, pour soutenir ses choix alors qu'il exigeait que vos enfants renoncent à tout, amis, amours, sorties, études et loisirs, pour ne vivre qu'à travers lui ? Il nous faisait gagner, c'est vrai. Cela suffisait donc ?

« On le sait bien, tout ça ! » m'a jeté négligemment, au cours de cette enquête, un célèbre entraîneur dont je tairai le nom. « Ce qui est plus inhabituel, c'est d'en parler... » Pour nourrir la grande fabrique à rêves, la machine à faire des champions, combien d'enfants sont livrés en pâture à de pseudo-gourous avec la bénédiction silencieuse de tous ? Mon histoire n'a rien d'extraordinaire, sinon son dénouement : la rupture du silence. Le retour de la parole dans une famille, les premières larmes dans les yeux de ma mère, l'union de tout mon clan autour de moi pour enfin affronter ensemble la vérité. *Le violeur des courts confondu.*

Ce livre m'a délivrée, m'a rendu mon identité. Il lui reste à donner l'alerte. Qu'il insuffle aux victimes la force de parler, qu'il dessille les yeux de ceux qui ne veulent pas voir, qu'il grippe les rouages des jolis manèges où tournent en silence tant d'Autres impunis au milieu des enfants, et je n'aurai pas vécu « ça » pour rien.

# – Remerciements –

Je remercie chaleureusement tous ceux qui m'ont aidée dans ma démarche, en particulier :

Le docteur K.

Mes avocats et amis : Fabien Déramond et Baudouin Dubelloy.

Toute l'équipe de la gendarmerie de Draguignan et son commandant Jean-Marc Delfaud.

Corinne et Isa, pour cette belle rencontre avec Laurence Decréau.

Ma famille, pour son soutien incontestable dans l'écriture de cet ouvrage.

Mes amis pour leur écoute et particulièrement Sylvie et Benjamin, Pascale, Étienne, Catherine, Caro, Anne-Marie et Dominique, Andrée et Jean, Patrick et Evelyne, Philippe et Cathy, Jean-Marc et Danielle, Patrice, Eugenia, Corinne, Geneviève, Didou, Nathalie, Béatrice, Sylvie.

Mes psys : Michèle, Jacqueline et J.A.M.
Mes fasciathérapeutes : Isa, Véro et Elisabeth.
Tous ceux dont les témoignages ont nourri mon écrit en ravivant des souvenirs enfouis.

# – Table des matières –

*Direction littéraire*
Huguette Maure

*assistée de*
Maggy Noël

*Mise en page PCA*
*44400 – Rezé*

*Impression réalisée sur CAMERON par*

CPI
Brodard & Taupin
*La Flèche*

*pour le compte des Éditions Michel Lafon*
*en mai 2007*

*Imprimé en France*
Dépôt légal : mai 2007
N° d'impression : 41876
ISBN : 978-2-7499-0696-6
LAF : 995